U0650186

职场新人
快速进阶的12堂课

金国伟 著

中国铁道出版社有限公司
CHINA RAILWAY PUBLISHING HOUSE CO., LTD.

图书在版编目（CIP）数据

职场新人快速进阶的 12 堂课/金国伟著 . —北京：中国
铁道出版社有限公司，2023.7
ISBN 978-7-113-30122-4

Ⅰ . ①职… Ⅱ . ①金… Ⅲ . ①职业选择 Ⅳ . ①C913.2

中国国家版本馆 CIP 数据核字（2023）第 057356 号

书　　名：职场新人快速进阶的 12 堂课
　　　　　ZHICHANG XINREN KUAISU JINJIE DE 12 TANG KE
作　　者：金国伟

责任编辑：奚　源　编辑部电话：（010）51873005　投稿邮箱：zzmhj1030@163.com
编辑助理：韩振飞
美术编辑：尚明龙
责任校对：安海燕
责任印制：赵星辰

出版发行：中国铁道出版社有限公司（100054，北京市西城区右安门西街 8 号）
网　　址：http://www.tdpress.com
印　　刷：番茄云印刷（沧州）有限公司
版　　次：2023 年 7 月第 1 版　2023 年 7 月第 1 次印刷
开　　本：710 mm×1 000 mm　1/16　印张：13.75　字数：152 千
书　　号：ISBN 978-7-113-30122-4
定　　价：68.00 元

给读者的一封信

亲爱的读者，感谢你购买《职场新人快速进阶的 12 堂课》！

作为国内两大知名女装品牌和产后康复连锁品牌的创始人，我在二十年的企业经营过程中，积累了丰富的创业经验和管理经验。同时，作为 NLP（NLPU）高级执行师，我通过对 NLP 实用心理学的多年研修，开发出了一系列课程，学员人数超过万人。因此，我对职场新人如何快速进阶、快速成长有着深刻的认识。

在撰写这本书时，我对职场问题做了进一步的反思和理解，比如对于如何处理职场中的人际关系、如何跟团队和谐地沟通与协作、如何克服自己的缺点、如何有效地自我管理等。

为了给职场新人提供更有针对性的解决方案，我不仅回顾了自己多年来的职业生涯和创业历程，还花费了大量的时间研究相关资料，并且走访了各行各业的人力资源专家和职场人士，跟他们进行了深入交流，希望从中挖掘和整理出有价值的经验和建议。

在这个过程中，我也得到了进一步的成长。可以说，撰写这本书的过程，也是我个人成长的过程。这个过程无疑是我人生当中的一段宝贵经历。如今，随着这本书的面世和推广，我的内心也收获了满满的成就感，我为自己能够帮助职场新人成长和发展而感到自豪！

多年来，我对职场新人始终保持着关爱和热情。这是缘于我们每个人都曾经是职场新人，在充满挑战与机遇的陌生环境里，我们曾经拥有满腔的热情、昂扬的斗志，雄心万丈地描绘着自己发展的蓝图。但是随着社会的发展，职场的竞争也变得愈发激烈。这种激烈的竞争，也会消磨我们的斗志、浇灭我们心中的那团火。

为什么会这样？究其原因，是我们对职场的认识不够深入，对职场生涯也没有细致规划。但是职场生涯恰恰是人生当中十分重要、宝贵的一个阶段，对一个人的成长、未来所取得的成就影响深远。人生的大部分时间，其实都是在职场中度过的，职场生涯的质量往往决定了一个人能达到的高度！

尤其对于刚踏入职场的年轻人而言，他们面对的困难和挑战较多，容易产生焦虑。复杂的人际关系、眼花缭乱的工作场景、模糊不清的工作指令，常常使新人感到迷茫、无助，甚至会选择逃避和放弃。

　　请不要气馁,成长本就是一个磨砺的过程,要从容地面对来自各方面的压力、挑战。作为职场新人,要学习丰富的知识、扎实的技能基础,以及高效的人际交往能力。通过不断学习和积累,就一定能够在职场中找到自己的位置,茁壮成长。

　　为此,我撰写了这本书,把内容划分为 12 个主题,每个主题都是一堂精炼的课程。我尽量用通俗易懂的语言,引导职场新人逐步解决职场中常见的问题,如沟通障碍、压力处理、时间管理、团队协作等,帮助他们迅速成长为专业、高效、自信的职场精英。

　　我衷心希望这本书能够成为新人在职场生涯中的得力助手,帮助他们在职场中取得丰硕的成果,书写属于自己的辉煌篇章! 同时,也期望职场新人能够坚定信念,以积极的心态去面对工作中的每一个挑战,迎难而上、披荆斩棘,勇攀事业的巅峰,实现自己的梦想!

金国伟

2023 年 4 月 18 日

目　录

第一课

/ **万事开头难**

第二课

/ **你"认为"的，不总是对的**

第九课

积极主动充电，全面提升能力

第十课

做好职业规划，强化自我管理

第十一课

融入团队，与企业共进退

第十二课

勇于创新，攀登事业巅峰

第一课

01

万事开头难

"公司不规范""领导不识才""薪酬太低""工作太累"……在工作中，不少新员工总会这样抱怨。殊不知抱怨就像一颗炸弹，一旦引爆，不但会影响当前的工作状态，可能还会将你的整个职业生涯毁掉。"千里之堤，溃于蚁穴。"抱怨虽小，当形成习惯并开始传染，那么，你的职业生涯注定失败。

01　兼顾当下与未来

毕业了，意气风发的学子们纷纷走出校园加入找工作的大军，摆在他们面前的一个现实问题是：从事哪个行业？带着这样的疑惑，他们懵懵懂懂地开始了自己的职业生涯，每天面对着"哪个行业是朝阳行业？哪个行业不景气？"的问题。

找工作，很多职场新人首先想到了行业，职场新人们都想避免"入错行"。在常人看来，"入错行"有两种理解：一个是这个行业没有发展前景；另一个是自己不喜欢这个行业。那么，对于职场新人来讲，应该如何看待"选择行业"这个问题呢？我可以明确地讲一点：从某种意义上讲，行业没有所谓"景气或不景气"之说，真正能在自己职业生涯取得成功的人，从事的并非都是当前最景气的行业，而在所谓的"前景一片光明"的行业中也有不少失败的人。同样，一个人一生也可以从事不同的行业。

从人自身的角度来看，生存和发展是人在不同阶段的两种需求。

作家雷恩·吉尔森在其职业规划书《选对池塘钓大鱼》中这样写道："生存的问题是需要用发展的眼光来解决的。如果我们将着眼点始终放在生存上，也许就永远停留在维持生存的状态；如果我们一开始就关注发展问题，我们将迈入崭新的人生境界。"

1943 年，心理学家亚伯拉罕·马斯洛提出了一个著名的理论，即"马斯洛需求理论"。他把人的需求划分为五个层次，从低到高依次为：生理需求、安全需求、情感和归属需求、尊重需求、自我实现需求。一个人是求生存，还是求发展，这能反映出一个人的心境。

如下示意图：

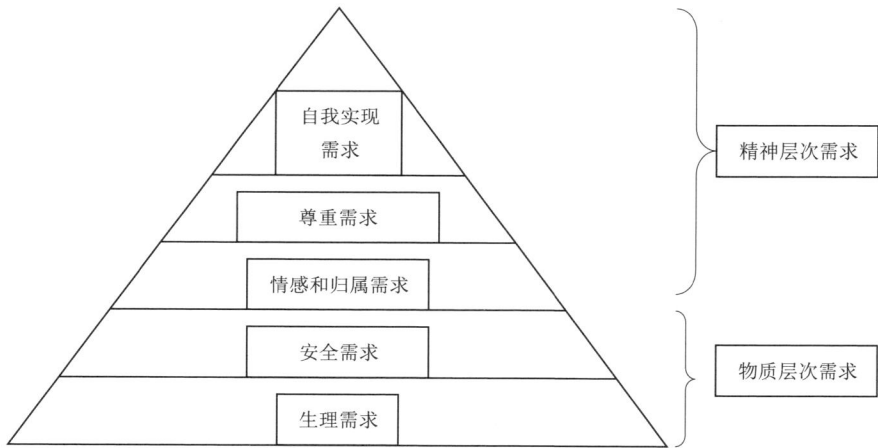

图中清楚地显示，各层次的需求之间的关系，由低到高反映了一个人人格发展的境界或高度。最底层的生理需求，就是所谓的生存需求，每个人从一出生就有这种需求。随着年龄的增长、阅历的增加，人们往往会有一种精神上的追求，即最高级别的自我实现需求，理想、梦想、愿望等都属于此范围。

从行业的发展角度来看，每个行业在不同的发展阶段都会呈现不同的发展趋势。也就是说，任何一个行业的发展都有它的历史阶段性。在某一阶段内，根据行业发展趋势，判断行业是传统行业或新兴行业、朝阳行业或夕阳行业。但是千万不可被这些迷惑了双眼，这只是一个历史符号，并不代表没有发展前景。

02 脚踏实地做好工作

行业的分类不代表着发展前景的好坏，而是为正在求职的年轻人提供一个选择的依据。具体选择哪一个行业，还要根据自身的情况而定。

在决定入行之前必须搞清两个问题：一是你能做什么？你准备如何去做，强调的是你的"能力"。因为只有在自己能力范围之内，或者在与自己能力相匹配的行业，才能保持激情。二是你准备如何去做？这涉及你对当前工作的期望值和你的目标动力、性格特征等。这是一个人的软实力，非常重要，无论从事什么行业，做什么工作，这些东西都不可丢。

每个人必须树立生存与发展并存的职业理念，生存是发展的基础，先生存后发展；发展是生存的目的，没有目标的生存将毫无意义。一些人，只求生存，忽略发展。这些人从长远来看，或将损失"惨重"。

很多新入职的员工仍然带着在学校的光环，踌躇满志，憧憬着在未来大展宏图。可是往往事与愿违，参加工作后才发现，现实与梦想相差很远，没有进入梦寐以求的企业，没有被安排到企业的重点部门，从事着跑腿打杂的事情，得不到上司的指导和提携……当理想遇到暗淡无光的现实，个别人便心生不满，开始抱怨。

其实，认真反思一下，最大的问题正是源于自己，任何机会都是自己争取的，通过自己的努力换来的，无论企业大小，不摆正心态、不努力工作，在哪儿都不行。

某节目主持人，她的职业生涯在大多数人看来是十分平坦的，然而，在这个巨大的光环后面，她也曾有过委屈和迷茫。

她毕业后被分到一家经济报社当记者，可是她万万没有想到的是，领导让她做的工作与记者没有一点关系，只是帮助通联部抄写信封。她感到非常失望，大学毕业怎么就干这个，这不是谁都能干的吗？抄写信封工作枯燥、简单，虽然一时有些想不通，可是她照样好好干。三个月之后，她把写信封练得又快又好，而且工作能力大大提高。

突出的表现引起了领导的注意，这样一个认真的人做任何工作都不会太差，就主动地问："想不想干点其他工作？"从此以后，她先后做了文摘版、理论版和副刊的编辑……

这是她的第一份工作，当她回顾这段经历的时候深有感触地说："如果你拥有一份工作，那就不错了；如果你拥有一份工作，而且还很喜欢，那你已经很幸运了；如果你拥有一份工作，它能让你生存，而且又是你所喜欢的，那你已经很幸福了。"

　　世界上任何一件有价值的东西都是通过辛勤劳动得来的，机遇是为有准备的人提供的。我们不排除有的人在公司怀才不遇，但是，如果你处处有这种感觉，那只说明一个问题：你仅仅是在自我陶醉。你应该思考一下，是否停止抱怨，努力工作，用成绩去证明一切。真正的"金子"，即使埋在沙子里也能"发光"。真正有才能的人，无论在大企业，还是在小公司都会被领导赏识。因此，毕业生在步入职场前要调整心态，无论进入什么企业，都要脚踏实地，一步一个脚印地走下去。

　　对新员工来说，如果进入的是一家小公司，做本不情愿的工作，就需要明白这仅是一个开始。无论在哪里，必须用一个积极的心态来面对，适应并融入环境。切记，要主动去适应环境，而不是埋怨。与其牢骚满腹，整天抱怨怀才不遇，不如改变自己，适应环境。

03　不可轻易放弃

现实生活中有两种人：有的人满足于平凡的生活，却付出了非凡的努力；有的人在平凡的生活中不快乐，放弃了努力，过着平庸的生活。从平凡走向平庸是一件很容易的事情，只要放弃努力，就会走向平庸。在这个平凡的世界里，没有人愿意过平庸的生活。

其实，平凡与平庸还是有很大区别的，两者不能相提并论。平凡的人不一定能成就一番惊天动地的大事业，可是他们能在生命的过程中把自己点亮，即使自己只是一根小小的"火柴"，也能释放出全部的光和热，活出耀眼的人生；平庸的人也可能是一根"蜡烛"，他却找不到点亮自己的火柴，从而失去了让自己的人生变得耀眼的机会，最后只能在时间的长河中消沉下去。

某著名钢琴家的成才之路并没有那么顺利，而且他的父亲素以"铁血"著称。1991 年，这位父亲带着九岁的儿子来到北京寻找他们的音乐梦想。为了留在北京，父亲决定不惜重金联系钢琴老师给儿子补课。钢琴老师上课第一天，只教了一首简单的乐曲，就摇摇头："这小子肯定考不上中央音乐学院！"倔强的孩子听到这话，当场就和老师吵了起来，结果是不欢而散。老师一走，孩子对父亲说："爸爸，我再也不学弹钢琴了，我要回家！"父子俩大吵一架，父亲心中一阵难过："这些年，我离开家乡，到处求人，都是想让你把钢琴学好，考上中央音乐学院。你现在怎么变成了这个样子？"父亲由失望转为绝望，决定带儿子离开北京。

故事到这里，如果他们爷俩这就回去了，那么音乐界也就会少了一位演奏家。但是就在他们离开的那天，收到了一个意想不到的通知：孩子所在的小学正要办晚会，老师让他弹一首钢琴曲。刚开始，孩子并不想弹："我不弹了，连钢琴老师都说我笨，我再也不碰钢琴了！"不管父亲怎么劝，都没有用。结果接下来出现了让人感动的一幕，同学们都上前和他说："我们都想听你弹钢琴！""在我们心里，你的钢琴是弹得最好的！"那天的晚会，改变了孩子的一生，他泪流满面，用前所未有的激情弹奏了几首中外名曲。台下的老师和同学兴奋不已，掌声四起，久久不息。在掌声中，孩子做出了一个改变他人生的决定："我要学钢琴！我一定要好好学习！"凭借自己的努力，两年后，孩子考上了中央音乐学院附小，十年后成了中央音乐学院最年轻的客座教授，被称为"难得的钢琴天才"。

钢琴家的成功经验告诉我们，倘若他听完那位钢琴老师的一番话后，妄自菲薄、自甘沉沦，或许世界上又多了一个平庸之人吧。

04　慎重面对选择

某些员工把工作的热情完全寄托在金钱的回报上，总希望公司不断加薪，甚至梦想有一天突然"暴富"。

工作＝薪酬，几乎成了少数人的一种定性思维，正因为如此，在公司会看到不少应警醒的现象：拿多少钱，做多少工作；为了薪酬，跳槽成为家常便饭。

小岳是某小型民营公司市场部的一名销售人员，虽然进入这家公司的时间不长，但已经成为公司的顶梁柱。无论是营销热情，还是品牌推广能力都展露无遗，与领导、同事的人际关系也相处得十分融洽。领导已经计划将他列为重点人员培养，将来可能让他负责更大的市场，承担更大的重任。

计划赶不上变化，领导的计划刚刚有些眉目，就接到小岳离职的要求。原来一家金融集团将小岳挖走，并明确表示提供给他高额的年薪和奖金。在高额年薪和奖金的诱惑下，小岳心动了，大家劝说无果后他辞去了原来的工作。去新公司报到后，经过三个月的培训，签订了为期两年的服务期协议。可不到半年的时间，他感觉到很难适应企业的管理方式，自己的管理理念与对方格格不入，再加上公司各种福利待遇并不完善，并不像先前承诺的那样诱人，他久久无法适应新公司。

事后，他后悔莫及。

高薪虽然非常有诱惑力，可终究不是天上掉馅饼，如果你的能力不能适应新工作，高薪也许只是一句空话。别把薪酬看作唯一的衡量指标，因为薪酬只是暂时的。如果一个人只懂得为薪酬而工作，那么他的生活将陷入平庸的旋涡。如果一个人只懂得为获得更多的报酬而经营事业，那么他的生活将枯燥而乏味。

其实，工作中有比薪酬更重要的东西，我们获得的绝不只是银行卡上不断增加的工资。一个人在工作中最终的目标应该是自我实现，最大限度地发挥自我的才华、能力，从而实现自己的理想，并不断地自我创造和发展。有追求和理想的人，才能在工作中阔步前进。也只有认识到了这些内在的东西，才会激发出更多的工作热情。

因此，初入职场的年轻人不要过于执着自己的薪酬，不要抱怨，也不要自满，要树立不只是为薪酬工作的意识。薪酬只是工作的一种报偿方式，一个人如果只为薪酬而工作，没有更高远的自我提升和发展意识，是无法走出平庸的生活的，在工作上，也不会有真正的成就感。

　　事业成功者与失败者之间的不同之处，往往不是谁拥有更多的财富，而是内心的一种满足感。高额的工资可以减少人的不满。相反，那些在工作中做出非凡成就的人，他们都是把工作当作自己的"事业""使命"来完成，他们把工作定位为实现"生命的意义"。

第二课

02

你"认为"的，
不总是对的

不!

职场管理者常常发出这样的感慨："个人执行力的强弱主要取决于两个要素：一是个人能力；二是工作态度。能力是基础，态度是关键。"

01　观望的兔子永远赶不上爬行的乌龟

　　龟兔赛跑中，"聪明的兔子"是在观望和放弃中错失机会。仔细分析不难找出原因。兔子由于跑得快，不愿意下苦功夫，执行力和意志力薄弱，这是职场中的"兔子"最大的缺点。职场是马拉松，需要踏踏实实地干！

　　在职场中，创意再好，如果执行不了，或者执行出现偏差，结果还是不会好。而创意虽然一般，但执行得好，结果可能会好。

　　创新工场董事长曾经说过："只有创意，没有执行力，必然失败；只有执行力而创意欠缺，还是有机会成功。"

　　无论做什么生意，都需要务实的人把想法付诸实践。员工的执行力在很大程度上决定了企业的生存和发展，这是每个企业的高管都希望拥有高效执行人员的原因。

　　执行能力强的人就是自律能力强的人。这样的人往往有"今日事今日毕"的心态。一旦做出决定，就会严格执行，随着时间的推移，他会在工作中脱颖而出。

　　你对工作的态度决定了你对人生的态度，你在工作中的表现决定了你在人生中的表现，你在工作中的成就决定了你在人生中的成就。一个人如果没有建立稳定的思维体系，则无法抗拒诱惑。因此，很多事情都浅尝辄止，很难成长为一个事业有成之人。具有高度执行力的人往往具有高度的价值认同感，在自律水平、独立思考的能力和对目标的深刻认识上都强过很多人。事实是，执行力将在很大程度上决定人生高度。职场中，只有高效的输出者，才能真正掌控自己的命运。

02　从基层做起

　　企业需要有实践能力的人，掌握专业知识固然重要，但不能纸上谈兵，只有理论联系实际，将所学知识应用到实践中，才能获得更好的发展。

　　职场没有神话，一步登天不太可能。只有逐渐积聚力量，从最普通、最基础的工作做起，在简单、琐碎的工作中找到成长的支点，才能实现我们的职业梦想。因此，新员工刚进入公司时，不应一味地追求高位和高薪，而应从基层开始，接受磨砺。要想在事业上有所发展，不能仅靠一堆理论，而要靠解决实际问题的能力，这需要在基层培养。从基层做起并不是一件坏事，反而事半功倍。当一个人降低他的位置时，他不会失去任何东西，反而会得到更多。

　　如今，社会上有些人逐渐变得浮躁，总是不停地追求各种高期望的东西，却对追求过程中的"小事"根本不去理会。殊不知，这些"小事"正是一个个通往成功之路的阶梯。对日常的工作不感兴趣，

　　总希望担重任、干大事、快成名，对日常重复性的工作得过且过，长此以往，无法形成责任意识。即使有一天，领导让他们承担重要任务，他们也没有能力去干。这些人眼中只有森林，没有树木。

　　人与人之间的差距往往来自对细节的关注程度。对细节关注程度的不同，会造成不同的结果，久而久之，便渐渐拉开了差距。在工作中，无论细节有多么小，只要觉得没有达到效果，就应该重视和改进。

03　经常抱怨将发现不了机会

在职场中，有的人进步迅速，一步一个脚印，很快得到提升；有的人则步履艰难，也很难再跨上一个台阶。个别人喜欢怨天尤人，事实上，他们有时错过了机会或没有抓住机会；相反，有些人可以在关键时刻抓住机会，利用机会展示自己，并取得成功。

在职场中，踏踏实实地工作至关重要。此外，人的价值不仅仅体现在工作上。对有些人来说，寻找更好的发展机会，准备承担更多、更重的责任，是有意义的，亦属情理之中。因此，有更大抱负的年轻人初入职场，应该大胆地展现自己，不是每个人都有展示的机会。这就是为什么年轻人学会抓住一些关键时刻很重要。这里列出的关键时刻是你必须展示的时刻。

在职场中，到底哪些时刻属于关键时刻呢？在关键时刻到底应该如何自我展现呢？我认为，以下八个时刻属于关键时刻，必须认真对待。

1. 面试时

准备进入职场的人，第一关就是面试。面试是让人能在短时间内快速了解你的窗口。接受面试的人应该努力做到以下四点：

（1）放平心态。不要显示出志在必得的样子，或显得很紧张。没有放平心态的人很容易让面试官看出来，觉得你不成熟。

（2）听清问题。面试时最忌讳的是没有听清楚问题就开始作答，这会让面试官感觉你很急躁，喜欢表现或急于求成。

（3）语调平稳。有些人喜欢在面试时慷慨激昂，这会让面试官感觉你不沉稳，比较自我。

（4）作答准确。面试时忌讳说了很多，却没有围绕主题。作答不准确，会让面试官觉得你是一个抓不住重点的人。在面试时应该努力做到不追求量多，而追求精准。

2. 提问时

会提问题是一种能力。会提问题的人往往表达能力较强，而且对自己提出的问题比较自信。提问题时要注意以下五个方面：

（1）思路要清晰。如果思路不清晰，会让人觉得你缺少逻辑性。

（2）问题要简短。如果问题较长，会让人感觉你对问题还没有想清楚，别人也不容易跟上你的思路。

（3）表达要明了。让大家能听得懂，不能产生歧义。

（4）问题不要太多。一次提 1～2 个问题为宜。

（5）针对性要强。要围绕主题，抓住重点和关键。

3. 提意见时

提意见的目的是希望别人能够接受，不要随便说说而已。要想取得好的效果，应该努力做到以下三点：

（1）语气要婉转。如果说话语气很僵硬，会让人听着不舒服，甚至产生抵触情绪。

（2）表情要和蔼。遇到尖锐的话题，也要尽量面带笑容。如果横眉冷对，会让人难以接受。

（3）表达要正确。如果不正确表达，可能你的意见不会被重视或采纳。

4. 汇报时

在职场中，向上汇报是必不可少的一项工作。你最先需要了解的是：应该先讲结果，还是先讲原因？先讲结果时，你要做到以下三点：

（1）要以结果为导向。先汇报结论。

（2）列出关键点。把支撑结论的关键点列出来。

（3）做好分析。对关键点进行分析和说明。

先讲原因时，你要做到以下三点：

（1）要以流程为导向。先列好提纲，列提纲的过程就是条理化的过程。

（2）分析关键点。聚焦主管关心的问题，并对问题逐一进行分析。

（3）提出相关建议。针对主管关心的问题提出意见和建议，最好能提出两种或更多方案并分析利弊，供主管选择。

在汇报之前，最好的方式是先做好 PPT，尽量采用流程图和表格或数据对比。如果以前做过相关的汇报，要说明变化之处。

5. 发言时

在职场中，你可能代表部门去参加会议，经常需要当场发言或表态。此时，你要努力做到以下四点：

（1）会前了解相关情况，做到心中有数。

（2）准备好发言提纲，形成一个代表部门的初步意见。

（3）充满自信，语气要坚定。

（4）不要重复别人说过的话，尽量提一些个性化的意见，既与本部门工作相关，又涉及其他部门的意见。总之，让人感觉你能代表部门，不要让人感觉你只是来听会的，不起任何作用。

6. 独立完成任务时

如果有一件重要而又紧急的事情，经理只交给你一个人做时，你要把握好这个机会，尤其对刚入职不久的新人来说，更是如此。如果你能够较好地完成任务，说明你在工作中能够独当一面。

要想较好地完成任务，首先要做好实施方案。记住，一定要养成这个习惯。实施方案中应包括以下五个方面的内容：

（1）背景情况。

（2）现状。

（3）存在的问题。

（4）下一步的工作思路。

（5）具体举措。

其中，现状、存在的问题、下一步的工作思路是不可省略的部分。

7. 布置任务时

在职场中，你可能会成为团队领导者，当你需要给团队成员布置

工作时, 要做好以下三个方面:

(1) 统一思想。

(2) 明确目标。

(3) 工作部署。

这三个方面虽看似简单, 却是十分实用的方法。

8. 演讲时

在职场中, 如果你做的工作比较专业化、系统化, 你就可能有演讲的机会。演讲和一般发言不同, 一般要注意以下六个方面:

(1) 做好 PPT。PPT 的逻辑要清楚, 不要有太多文字。PPT 做得好是演讲取得好效果的基础。

(2) 讲话速度要慢。不要以为说话快就能带给别人更多的信息。讲得快, 如果别人没听懂, 等于白讲。

(3) 思路要清晰。事先要弄清思路, 了解背景情况。

(4) 言简意赅。尽量用别人能听得懂的语言, 把复杂的事情简单化。如果要用英语演讲, 要尽量使用简单句。

(5) 采取自问自答的方式。以自问自答的方式, 可以把别人带入你的问题中, 容易聚焦; 设置好问题, 更加有的放矢, 更能吸引人的注意。

(6) 抓住重点。抓住关键点以及容易被忽视的点。不要指望别人把你讲的东西都记住, 因此要找到几个关键点, 深入浅出、娓娓道来。

第三课

03

融入职场

在职场中，自愈力指的是面对困难的时候，能够自我认知、自我调节和自我解决的能力。作为职场新人，要懂得及时调整，可以暂停，可以看看平时没有注意到的风景，适当地放慢节奏，给自己一个延展的空间，方能积蓄力量，走得更远。

01　适应新环境

在一个人的职业生涯中，会遇到不止一个上级，那么，如何与上级相处就变得十分重要。一方面，作为下属，我们需要摆正自己的位置，不仅要搞清楚上级对自己的期待，更要尊重领导；另一方面，在和上级的交流中，要学会观察，通过观察，尽可能准确地了解上级意图，从而采取合理的对策。

毕业生第一次进入职场，就是从校园环境到社会环境的过渡。在这个过程中，职场新员工依然保留着在学校的习惯、心态和行为方式，有一些人与职场格格不入，转型的刺痛来自对已经非常不同的环境采取相同态度。正因如此，一些新员工会面临困惑。

在这个过渡期，如果新员工的心理承受能力较差，难免会感到不适应。有人表示，进入职场后，好像"转校生"，无法融入工作团队，在工作中找不到归属感。新员工希望尽快进入工作节奏，领导只给新员工安排一些琐碎的事情，在新员工看来，这些不能带来成长。

　　刚进入工作岗位的年轻人往往很担心自己在工作中的表现，希望早日崭露头角，但作为企业领导和老员工，他们都希望磨砺新员工的精神，让他们学会听从指挥，学会脚踏实地。职场新员工如果看不透管理者和同事的用心，个别人或者由于敏感，往往把事情想复杂，给自己带来烦恼和困扰，甚至是职场厌倦。这并不能解决问题，反而会影响自己的职业发展。

　　其实，新员工在面对这些问题时，也不必过于担心，主动找自己的原因，在做事前学会与人相处。经过一段时间，你就会发现曾经横亘在你面前的那条"人际鸿沟"已经在不知不觉中躲到了你的身后。

　　首先，要学会尊重他人。老员工遇到新员工时，最期待对方克制、谦逊、尊重。这是一种很常见的心理。作为新员工，尽可能地尊重他们。新员工对业务不熟悉，所以多尊重老员工，谦虚地问问题，对自己的成长也有好处。只要新员工让对方知道自己的诚意和求知欲，一般老员工都会给新员工指点和建议。

　　其次，持续、积极、主动地沟通也很重要。当同事都不认识你的时候，自然不会多和你说话，不要以为是故意不理你。你应该积极寻找交流的机会。如果你把自己"包裹"在一个壳子里，对同事说的话不感兴趣，也不愿意向同事透露你的信息，很难融入工作团队。因此，适当地向同事敞开心扉，也是尊重他人。比如，在空闲时间，大家一起聊自己的成长经历时，难免会知道同事的出生地和毕业学校，如果你想加入这个愉快的谈话中，不要对你自己的信息守口如瓶。在人际交往中，当同事向你透露重要的个人信息时，你应在同事接受后尽可能提供相应的对等信息。

同样，在工作方面，如果你对相关领域还不够了解，最好多做少说。如果新员工在工作中没有太多事情要做，就做一些力所能及的事。一些新员工认为打水、扫地、擦桌子等都是琐碎的工作。其实，这些小事往往能反映出一个人对工作的态度。新人只有坚定而执着地做好这些"小事"，才能让主管和同事看到你对工作的态度，才能快速融入新环境。有了合作的机会，才有自己展示能力的平台，慢慢进入工作状态，很多问题就迎刃而解了。

以下几点应特别注意。

1. 情绪稳定

情绪稳定是职场中最基本、最重要的心理素质。当出现紧急情况时，情绪稳定的人可以坚守阵地。要学会稳定自己的情绪，这降低了职场中的试错成本、沟通成本和决策成本。

2. 明确管理层的命令和指示

主管分配任务时，一定要明确主管的指示和命令，不能有模糊的界限。作为新员工，要知道自己需要做什么、怎么做、什么时候完成，同时更要明白要达到的标准，及时汇报工作进展。

3. 融入团队

尽快融入团队，让领导和同事接受你，这是初入公司的首要目标，同时这也是公司对你的期望。

02 与同事交往不拘谨

职场新人在与同事交往中克服可能的拘谨，需要掌握一些针对性的方法。以下的几种方法供大家参考与借鉴：

1. 同类比法

当你害怕与同事交往时，你可能会想：虽然我与人交往的能力弱，但其他人刚开始不也是这样吗？不管是什么原因，一开始你可能做不到，但经过几次练习，你会没事的。以这种方式思考，可以非常有效地克服与同事交谈的尴尬。

2. 不同比较法

当对方的举止谈吐等都很出色时，不要盲目地与其进行比较。心里不要这样想：他（或她）很好，我不能比，我差得很远。相反，你可以这样想：他（或她）真的很好，但每个人都有自己的长处，虽然我在这方面不强，但我在其他方面也有自己的优点。一个人最重要的是发现和挖掘自己的潜力。"梅须逊雪三分白，雪却输梅一段香。"如果你明白了这个道理，你就会变得更加自信。

3. 感情接近法

这对于克服与领导、长辈等人相处的畏缩尤其有帮助。具体做法是：你和他们在一起时，不要过多考虑他们的身份、年龄，而是考虑——如果他们是我的朋友……首先从感情上亲近起来，你就不会感到不安。

4. "尴尬"练习法

个别公司专门让员工站在街头和拥挤的闹市区，大声唱歌。这种方法对于克服员工的害羞非常有用。当然，这可能造成尴尬，所以我们只是考虑借鉴其思路。只要你知道如何培养与人交谈，练多了自然就好了。

03　建立合作

要成就一项事业，需要一支队伍、一个组织、一个群体的共同奋斗，需要众多人智慧碰撞，团队合作。世界是一个联系的整体，每个人都不可能孤立存在。

现在及未来的社会将是一个合作的社会，要懂得做好团队配合，学会处理人际关系，单靠个人能力是不够的。在成长的道路上我们需要他人帮助，也应该去帮助他人，一起共同成长。在我们的学习、工作与生活中，难免会遇到自己解决不了的问题，这就需要我们互相帮助，这样才能展现我们的自身价值。一个人也许能力过人，但若不懂得合作，只能事倍功半。

许多工作都需要同事之间相互合作。不善于与他人互动的员工往往不善于与他人合作。他们只能"孤军奋战"，不能利用身边的资源。

安萱最近跳槽到一家广告公司做平面设计，对新公司优美的工作环境、先进的办公设备和在行业中的良好声誉很满意。上班第一天，她告诉自己，一定要努力取得好成绩，有任务时就认真执行，力求完美；没有任务时，也毫不松懈，在电脑前构思各种创意。因为她工作太专注，没有注意周围的环境，忽略了和同事的人际交流，有同事主动跟她打招呼，她只是表面地回复一下。

几天后，主管让她和工程部一起完成一个重要的案子。她虽然有很好的设计能力，但由于平时与同事缺乏沟通，得不到同事的帮助和支持。她性格内向，更喜欢独立做研究，所以同事之间的距离拉得更大了。交稿期尚未到，为了尽快展示自己的才华，安萱迫不及待地想把她的作品展示给主管看，虽然作品不错，但主管还是暗示要和同事好好相处。后来，安萱还是这样，遇到困难时，她也不寻求帮助。时间长了，她开始感觉到工作有难度。

职业发展不仅仅取决于能力因素，还取决于职业状态。某网站曾经举办过一场"如何保持职业心理"的网络研讨会，并邀请了职业咨询专家作为主讲人。专家告诉大家，要想了解自己，调整自己的状态，需要从"五感"着手：组织归属感、职业方向感、职业压力感、职业倦怠感、人际亲和感。

在职场，不仅需要个人能力，更重要的是合作，尤其是跨部门合作，而有效沟通、公开交流是使工作顺利开展比较有效的方法，也是与人相处的基本技能。盲目封闭自己，很难与人相处。尤其在职位不高时，建立合作能帮助你得到其他同事的支持，反之，会给你带来很多麻烦。

第四课

04

必须克服的
"职场病"

游戏结束！

我们离开学校开始工作，独自面对生活时，我们会获得从未有过的体验，但要面对生活中的困苦，承担应尽的责任。

01　克服拖延，拒绝懒散

职场是拿结果说话的地方，交付结果是每一个职场人要面对的现实。如果你行事懒散、拖延，影响的不仅是自己的职业生涯，还会给整个项目，甚至公司运作带来负面影响。勤劳往往是公司评判员工的重要指标，能反映员工的工作态度。

一、职场新人应跨越的一道坎儿

一位著名作家曾经说过："没有什么懒惰比带着'责任'光环的懒惰更容易让我们堕落。""带着责任光环的懒惰"指的是职场的懒惰。职场的懒惰会伤害他人和团队，严重降低工作效率，影响团队绩效。

在生活中懒散一点儿，可能不会造成太大的伤害。如果你在工作中也非常懒散，将对团队产生恶劣的影响。

　　李潇潇毕业后在一家公司担任人事助理。她聪明、勤奋、愿意吃苦。领导对她评价很高，也很器重她。然而，她最近爱上了一部电视剧。起初，她想着每晚只看两集，然后就睡觉休息。看完后她总是感觉不过瘾，就会再看两集。最后，沉迷到饭也不吃，觉也不睡了。不仅如此，她白天还偷偷地在公司电脑上看电视剧，困了就在工位上偷偷睡觉。一天，领导安排她制作一份员工入职流程表，要求在三天内完成。虽然她答应在三天内完成任务，但她一想到电视剧的情节工作就忘得一干二净。很快，三天到了，领导问员工的入职流程表做得怎么样了。此时，她才想起来，恐慌之中，没有分析单位的实际情况，随便从网上下载了一份表格，简单地修改后交给了领导。领导对李潇潇的"应付"非常不满。面对领导的询问，她哑口无言。李潇潇因为喜欢看电视剧，放松了自己，慢慢变得懒散起来，在工作中失去了责任感，最终导致了工作中的错误。

　　拉罗什·富科曾说："在所有错误中，看上去最容易被原谅的是懒散。"当早上起床时，我想再睡五分钟，一遍又一遍地原谅自己；计划是否完成，无关紧要，推迟也没关系。人贪图安逸，会慢慢原谅自己懒散，逐渐放下自己当初的理想、家人的希望等，在不知不觉中养成了懒散的坏习惯。

　　某保险公司曾经有一名让人印象深刻的保险员，名叫王丽。她是一个以"要做就做最好"为自律信条的保险业务员。20×2 年上半年，她在部门完成标准保费中排名第一，成为一名成功的专业人才。

她的成功并没有什么秘诀可言，无非是刻苦学习，响应公司号召，紧跟公司业务节奏，认真履行职责。她不放过任何一笔小单，即使客户住得再远，她也不会推脱。有一次，王丽替公司的财务经理处理客户事宜，客户所在位置离公司很远，交通不便。王丽丽顶着太阳，几经周折才找到了这个客户，客户自己本来都不打算能准时等到她，想不到王丽还提前到了，后来这位客户成了王丽最忠诚的客户之一，出于对她人品的肯定和信任，为她介绍了很多新客户。就这样，日积月累，勤奋让王丽成了业务部稳定客户最多、成交量最大的业务经理。

要摆脱懒散的习惯，我们必须培养勤奋的品质。有很多伟人因为勤奋而成功。如果你觉得伟人离我们很远，那就向我们身边的普通人学习。

二、　消除懒散，　从克服拖延开始

在职场，少数人喜欢将工作拖延到最后一刻才去完成，即使有一大堆的任务，只要没到最后期限，也会拖延着不做，直到最后，才加班加点地去完成。

张丽是一家互联网公司的平面设计师，每次接到工作任务后，张丽都会习惯性地查看之前做过的相似案例和设计范本，仔细研究，但是对于接手的项目本身，总是喜欢拖着不做，直到还剩一两天，才会不分昼夜地仓促应对。张丽不是缺乏责任心，而是她习惯了拖延。

职场拖延症危害严重，是一种阻碍事业发展、影响工作效率的不良习惯，它不仅会耽误工作、影响事业，还会破坏团队协作。有些拖延症严重的职场人，对自我、对未来都处于一种茫然的状态。这些人做任何事都缺乏动力，只是为工作而工作，形成了做事拖延、得过且过的习惯，又无力纠正，逐步进入一个死循环、负效应的状态。

1. 职场拖延症的自我诊断

研究发现，职场拖延症者一般有以下表现：

（1）缺乏自信心。现代职场竞争激烈，人总会遇到工作难题，也难免遭遇挫折，而缺乏自信心容易产生畏惧心理，甚至逃避心理，能拖延就拖延。

（2）畏难情绪明显。把工作任务当成鸿沟，总觉得太难了，找各种借口拒绝，工作状态消极。

（3）缺乏干劲。得过且过，工作动力严重不足，不愿意竭尽全力工作，时常应付。每当接到新任务时，总会不由自主地产生抵触情绪，能推就推，能拖就拖。

2. 正确应对职场拖延症

职场拖延症危害巨大，如何正确应对呢？可以从以下几方面入手：

（1）回顾自己最近的工作进展情况，看看自己的工作是否还在按照职业规划在稳步前进，是否对现有工作产生了倦怠心理。假如偏离了职业生涯发展规划，做的已经不是自己喜欢的工作，那么，不妨先停下工作，认真思考自己未来的发展方向，然后再做取舍。

（2）调整好职业心态。在职场中，问题与困难是在所难免的，如何应对？保持良好的职业心态。无论从事什么工作，能一天完成的就不要做出两天的计划。实践证明，一旦人开始着手做工作，便会表现出更多的积极情绪，即使最后的结果不理想，但依然能从失败中获得经验，促进自己成长。

（3）用奖励来激励自己。喜欢拖延的人总是会给自己找很多借口：工作无聊、辛苦、环境不好、公司的计划不合理等。其实，这些都不难克服。你可以给自己奖励，比如，坚持一个星期没有拖延，就出去旅游一次，作为继续坚持下去的动力。

"拖延症"最典型的症状是，无论做什么，你总是"再等等""看一看""再拖拖"。每次等到不能再拖延的时候，才匆匆开始工作。结果，工作时间被推迟，仓促完成的工作质量也不高。

3. 让你的工作更有效率

如果你想让自己的工作更有效率、告别懒散，就要果断地与拖延说再见。

（1）研究和思考不是拖延的理由

研究和思考在工作中是必要的，但不应被用作拖延的借口。正如歌德所说："光知道是不够的，还需要去运用；光有意愿是不够的，还需要采取行动。"研究和思考的目的是更好地行动。如果不反映在行动和结果中，思考和研究就会失去意义。

（2）将"尽快"改为"立即"

某公司的规定之一是"24 小时原则"：公司不允许拖延，必须快速回复电子邮件！即使你出国了，你一下飞机就得回复。超过 24 小时不回复电子邮件的高管将被公司立即解雇！这项规定似乎很严厉，但正是如此高效的实施，才使该公司迅速成长为一家电子商务巨头。当然，制度也应顾及人性。

工作场所的"拖延"通常表现为：

◎接到任务后，即使知道具体完成时间，你也不想立即完成，原因有"太难""太无聊""要花的时间太长了"等；

◎虽然每次下定决心要"马上做"和"必须早点开始"，但你总是被"先上上网""看电影还来得及"等想法牵着鼻子走；

◎每次做某事之前，你会先抱怨，经过很长一段时间，你才可以进入工作状态；

◎每当被其他想法或其他事情干扰时，会停下来做其他不相关的事情。

要改变这种状态，你不能让自己被"拖延"的想法拖走，每当想推迟时，立即把它切断，然后不假思索地行动。

一个人在职场中成熟的标志，重要的一点就是学会面对并尽快解决问题。你越早面对它们，你就会越有动力；你越早解决它们，你就越强大。

三、 全身心地投入工作是克制拖延的最好方式

有"拖延症"的人，通常无法集中精力干好一件事情，更无法全身心地投入工作。我们很容易说服自己："只打个电话""喝杯咖啡或刷刷微博""过几分钟就回头处理手上的工作"。几分钟的事延长到一个小时或更长时间，过了这段时间，再想回到初始的工作状态就很困难。有人认为，人们可以训练自己更快地重回正轨继续工作，但还有

一个更好的策略，就是从一开始避免分心和干扰。

下列为减少干扰及其影响的方法：

（1）明确自己一天中要努力实现的目标。执行目标计划清单，分清主次，安排优先级，确定造成干扰事项的重要性等级，关注对提高整体工作效率有用的事项。

（2）在某个时间集中完成某些任务，如打电话，以免这些任务把你的工作过程弄得支离破碎。如果一接到电话就处理，会分散你的工作精力，相比之下，集中处理可以提高工作效率并节省大量时间。

（3）在日历上每天设定固定的时间段，完成需要全神贯注处理的任务，回避会议、电话等其他干扰事情。像对待其他安排好的工作时间一样对待这部分时间，久而久之，同事会认同你的这些"谢绝干扰"的时间段。

（4）为你的"谢绝干扰"时段做好准备，确保已经万事俱备，可以开展既定任务并且明确你在这段时间内要实现的目标，这样你才能立刻全心投入，最大程度利用好这段时间。

（5）为防止不自觉分神，设定一个30分钟到1小时的闹钟，在这段时间内不会偏离工作正轨。时间一到，即可允许自己休息5分钟，休息结束后再设定下一阶段的工作时间。

（6）预先设定好吃饭和喝水的时间，将其变成高效工作制度的一部分。劳逸结合，才不至于让自己分神。

（7）如果你在开放式集体办公室办公，难以向同事示意自己希望什么时间不受到干扰，不妨在办公桌旁贴一张写着"请勿打扰"的卡片。

（8）以你希望同事对待自己的方式对待他们，协助营造有助于提高工作效率的环境。避免过度向同事转发无关紧要的邮件。

（9）当你需要聚精会神地完成某项任务时，不妨考虑换个工作地点，比如，在家里、图书馆或安静的房间里工作，远离干扰。

（10）选择在人们不太可能工作的时间回电话，比如，午餐之前的几分钟，或者下班前的几分钟，这时大家都盼着回家。或者在承诺晚点回电话时，说好通话时间："我下午四点有约，之前有五分钟空余时间，你到时候接电话方便吗？"

（11）在向别人分派任务时，充分说明工作要求，避免同事带着一大堆问题来找你。

（12）给予明确的指示，如果同事频繁来问你问题，你需要解决任务分派流程的不足之处，并干脆利落地给出明确回复，以免他们纠缠不放。

（13）如果你的领导要求你随叫随到，那么，你要耐心并有策略地应付，而且有意识地关注自己的行为带来的影响。

（14）显示你没时间。巧妙安排办公桌，避免让同事产生"请进，坐下"的错觉。如果你的办公室是开放式设计，无法避免干扰，尽量减少对你工作进程的负面影响。

（15）尽可能为语音邮件和电子邮件设置自动回复，表示你工作繁忙，无法及时回复，这样别人就不会急着查收邮件。

（16）如果你在从事一项高难度工作时受到干扰，不妨迅速做个记号，以便稍后可以更快地衔接。当你继续手头工作时，准备好在休息前立即简单地回顾一下刚刚完成的内容，以便找回工作状态。

（17）从容掌控干扰。如果发现问题一言难尽，可以提出稍后回电话或面谈，而不要试图立刻处理。

（18）限定干扰时间。让那个打断你的人知道，只能占用你五分钟的时间。一些专家建议，在桌子上放一个计时器，用来提醒来访者直接切入正题。

（19）鼓励同事先把想说的事情列出清单，再来找你。让同事有备而来，你就能快速了解情况，同事也可以厘清思路，同时可以防止干扰你。

（20）多预留一些时间，以免同事在你的任务尚未完成时就开始打扰你。

如果你曾尝试过不间断工作，那么你一定能够切身体会到事半功倍的感觉。

要做到工作不间断，有以下两条要遵守：

首先，一定要放松。如果你焦虑不安、压力重重或心烦意乱，你根本不可能持续工作。在开始工作前不妨先做一个集中注意力的预热练习，一方面让自己彻底放松下来；另一方面让自己完全沉浸于当下，不去瞻前顾后。你必须全心全意地投入当前的任务中，一旦你的注意力有所分散，不间断工作就会前功尽弃。

其次，营造没有外界分心的舒适环境。如果你用电脑工作，容易三心二意，时不时看看网页，查收一下电子邮箱，那么你不妨考虑注册一个本地用户账户，屏蔽各种不断出现的分心源。你没法强制自己不间断地工作，也不会自然而然地进入这种状态。如果你营造出适宜的环境，并且坚信自己能够做到，那么，你会发现离这个高效的精神状态越来越近了。

四、 杜绝懒散思想， 方能根除懒散习惯

事实上，无论对一个国家，还是一个人来说，过度、长期懒散都是一种堕落和极具破坏性的东西。懒散是拖延的最大原因。因为懒散，人们不愿意克服那些完全可以战胜的困难。

有一个农夫养了两匹马，一匹马勤快，另一匹懒散。一天，当农夫想去镇上卖货，他用两匹马各自拉了一辆大货车。勤快的马跑在前面。尽管这辆车很重，但它还是奋力拉。懒散的马在后面，总是走走停停。农夫以为后面的马力气不够，把后面大车上的一些货物搬到了前面的车上。这时，懒散的马轻松地超过了勤劳的马，说："你看，你多累啊！为什么这么辛苦呢？你越勤劳，主人就越折磨你。看看我，多舒服啊！"说完，这匹懒马故意哼了一首曲子。那匹勤劳的马没有理睬它，仍然使劲拉着车。

有了这种经验，懒散的马变得越来越懒。无论做什么，它都十分懒散。一段时间后，农夫把它独自带了出来，它很高兴。不过没想到，农夫把它带到了屠宰场。

这个寓言故事告诉我们，懒散是人生的大敌，是自己亲手为自己挖掘的"坟墓"。

罗伯特·伯顿写过一本深刻而有趣的书——《忧郁的解剖》。在书中，他提出了许多独到而深刻的结论，尤其是对懒散的解释。他指出，精神不振、沮丧和拖延总是与懒散、无所事事联系在一起。

懒散比操劳更消耗体力。

拖延的原因有很多，拖延的表现也有很多。懒散只是其中之一。拖延者不一定懒散，但懒散的人会拖延。想想懒散导致的拖延是否总是发生在你身上：早上不愿意起床，上班前磨蹭。懒散就像一个"怪物"，可以拖延一切。可以说，懒散是我们克服拖延的最大敌人。由于懒散，一次又一次拖延，许多可以立即完成的事情没有及时完成。

你要想治愈"拖延症"，必须战胜懒散思想。如何战胜懒散思想？可以按照以下方法去做：

（1）正视懒散习惯，并准备好打败它。勇于面对问题，是处理一切问题的出发点。如果你不承认自己懒散，将永远无法改正这个巨大的弱点。

（2）恐惧是懒散的主要原因，克服它的方法就是强迫自己去做。假想这件事非做不可，没有什么可害怕的，没有你想象的那么难，你最终会惊讶地发现，事情做起来很容易。

（3）严于律己，磨炼意志力。意志薄弱的人往往是懒散的。磨炼意志力，不妨从简单的事情做起，坚持每天做一件简单的事情，比如，写日记。

（4）做好计划。对自己每天的工作做出合理的安排，制订切实可行的计划，要求自己严格按计划行事，直到完成为止。

（5）公开你的计划。在适当的场合，比如，当着同事的面，把你的计划说出来，在同事的监督下，你不得不按时完成计划。

（6）严防落入借口陷阱。我们经常推迟做某些事情，总是为我们的懒散找借口。比如，"时间还充裕""现在做太早了""现在做已经太迟了""准备工作还没做""这件事太早做完了，又会给我安排其他的事"等。

（7）打算只做 10 分钟。刚开始克服懒散时，你可以这样对自己说："做一会儿，只做 10 分钟。"10 分钟后，很可能你会不想停手了。

（8）不要让自己分心。外界有各种干扰因素，使我们无法全身心投入工作，这也成为我们拖延的借口。当你专注于某件事时，关掉电视、关掉手机、关上门、拉上窗帘等。这可以让你集中注意力，克服拖延，投入工作。

（9）待在当下。有些事情一开始并不总是很顺利，这成了我们拖延的借口。大多数人会选择放一放，转身走开，这无法克服懒散的习惯。强迫自己留在现场，不要离开。一段时间后，可能会找到解决问题的方法，并且继续工作。

（10）避免半途而废。半途而废很容易让人对工作产生厌烦。先把工作告一段落，然后停下来，这会给你一定的成就感，让你对工作产生兴趣。

（11）先做了再说。三思而后行往往是拖延的借口。有些事情应该当机立断，说干就干。只要你去做，你就不会偷懒，即使遇到问题，你也可以边做边想，最终会得到结果。

（12）奖励自己。我们经常这样鼓励我们的孩子：洗完碗就有奖励，洗完了衣服可以看电视。其实我们要自己去克服懒散，也可以给自己设置一个奖励，以激励自己。

　　总之，习惯于懒散的人，总是处在拖延之中，觉得时间不够用，却又拖延着。唯有战胜懒散、合理安排时间，我们才能克服拖延。

02   正视别人的成绩

一本书中提道："乞丐从来不会嫉妒比尔·盖茨，他只会嫉妒另一个比他有钱的乞丐。"在两个人身份、地位、年龄、经历都差不多的情况下，成功的一方容易招致另一方的嫉妒。如果员工的职位、技能相差无几，一旦其中的一位获得晋升和重用，其他员工多会嫉妒。

一、 你可以羡慕， 但不可以嫉妒

嫉妒的缘由一般是自己没有别人所具有的竞争优势。人在感觉自己处于劣势时，往往会激发自卑，甚至憎恨的复杂情绪。这种有嫉妒心的人是害怕在竞争中落败。

从嫉妒者的角度来看，最好谁都别得到，谁都别成功。倘若自己不成功，别人成功了，就会妒火中烧。嫉妒的人难以与人合作，工作效率也不高。因而，当我们陷入嫉妒的怪圈后，无法超越自我，与"脱颖而出"渐行渐远。

　　F 最近怎么看自己的同事 B 都不顺眼。先前两人工作时相处融洽。谁知 B 成了业务主管，成了自己的领导。对此，F 很不高兴，自己的工资比 B 的工资低，还要向 B 汇报工作。

　　F 的父亲晚饭后把 F 叫到书房问他怎么总请假不去工作？父亲的话语打开了 F 宣泄的闸门，F 一股脑把自己的不满宣泄而出。待儿子发泄完，父亲语重心长地说："记得当初你初到公司，因为待遇高，众人也是嫉妒，你咬牙坚持挺过了难关并做出了成绩。现在怎么自己反倒也嫉妒他人了？你为什么不想想自己在哪些方面不如 B 呢？"

　　父亲说完这番话，关上门出去了。F 一人在屋子里坐了很久。第二天，F 精神抖擞地去上班。工作中，F 牢记教训，通过自己的努力弥补与先进的差距。每当发现别人强于自己，心有不快时，总是提醒自己不要重蹈妒贤嫉能的覆辙，而是认真分析不足的根源，把强者当作目标。

　　两年后，F 成了另一个部门的经理。他经常对下属说的一句话是："别让嫉妒毁了自己的职业生涯。"

　　资源是有限的，一旦被他人得到了，自己的机会就变少了。初入职场，我们不会嫉妒自己的上司，不会嫉妒比自己经验丰富的人，只会嫉妒和自己年龄、职务、能力相近的人。同样，如果我们比别人优秀，也会招致别人的嫉妒，也会让自己沉浸在优越感当中，不思进取，不主动学习，失去进步的机会。

　　嫉妒的背后所隐藏的，是巨大的、令人无助的、自认为无法改变的自卑。嫉妒者因无法改变别人强于自己的现状，一方面对自己深深失望，另一方面又对强者心怀怨恨，这种负面情绪会渐渐演化成一种心理焦虑。焦虑令人不安，难以释怀。

嫉妒令人丧失理智，让人无法直面自己的不足。究其原因，它来自一种不公平心理，理想和现实一旦差距加大，会造成内心的失衡，会厌恶他人。战胜嫉妒的关键是持有正确的态度，即直面它。当把嫉妒转化成羡慕，用谦虚的学习态度看待、接纳他人，会获得非凡的成长动力。

工作中，察觉到自己的嫉妒时，要及时转化成向他人学习的动力。嫉妒只能伤害自己，只有彻底摆脱它，才会多一些豁达，才会多一些动力，从而早日脱颖而出。

二、 过度嫉妒等于自断前程

嫉妒思想在人们中制造的恐慌不会比犯罪行为制造的恐慌少。许多严重的破坏行为都是嫉妒所致的。因为嫉妒，许多本来品性好的人在短短几个月里发生改变；由于莫名其妙的嫉妒，许多人深受其折磨；由于受到嫉妒的影响，许多人犯下严重错误。严重嫉妒心理的人总是怀着一种报复的思想，总是不择手段地想从对手那里讨还"公道"。由于怀有嫉妒的思想，他的心理失去了平衡，心态失常了。最初，他也许不想这样做，甚至认为绝不可能这样做，但最终还是做了，他犯下这种错误，是因为他报复的情绪膨胀，最终导致了心理失衡，造成了严重的后果。

那么，嫉妒是怎么让人断送前程，害人害己的呢？

　　高强和范阳同在一家公司工作。由于高强有着比较丰富的工作经验，他的工资待遇比范阳高一些。高强比较敬业，因此，他每个月都会得到公司的嘉奖。范阳的工作成绩和待遇都低于高强，他对高强产生了一种强烈的嫉妒情绪，并且随着时间的推移，他的嫉妒情绪导致了他十分多疑的性格。

　　一天，范阳发现自己的钱不翼而飞了，于是他想当然地怀疑高强，他报了案。但是警察调查表明，高强不具备作案条件。在警察离开后不久，范阳在一本书中发现自己的钱，这才想起是自己把钱夹到了书中。钱是找到了，可是却给高强的心灵造成了伤害。范阳也很清楚这一点，他找到了钱反而加深了他的精神压力，并且多疑也变得日益严重。后来，他发现，他根本没有办法与别的同事和睦相处，最后，只得选择了离开。

　　嫉妒会使人为自己的失败或不幸感到痛苦；它会使嫉妒的人为别人的成功或幸福感到痛苦；最后，嫉妒的人往往会将有限的精力浪费在这些无谓的行为上，从而失去了赶超别人、提高自己的机会。

　　在职场中，嫉妒会导致职场中出现流言蜚语，导致被嫉妒的人名誉损伤、被他人排斥，工作效率下降。职场中的嫉妒对员工有负面影响，影响相互信任，破坏合作，进而影响整体效率。

　　董林和朱力毕业于同一所大学，两人又都去了同一所学校任教，因为这层关系，两人一直相处得不错。前段时间，学校领导班子进行了一次调整，朱力被提拔为教务处主任，而董林被任命为副校长，从那以后，朱力对董林说话有点生疏感，从朱力那一声"董副校长"里，董林听出了他的不高兴。董林也不高兴了。从此以后，董林就跟朱力疏远了，再也不像以前那样说说笑笑了。一段时间后，学校里传出了一些关于董林的流言蜚语。董林知道是朱力传的，两人的关系更不好了，工作上的合作也受到了影响。

作为职场人，对嫉妒心理必须警惕，不要让它主导自己的情绪。在现实中，嫉妒在每一个角落都若隐若现。人们为了竞争一定的权益，对相应的对手（幸运者或潜在的幸运者）会产生一种冷漠、贬低、排斥，甚至是敌视的心理。他会想：

"为什么幸运儿是这个家伙，而不是我呢？"

"为什么她的身材比我好呢？"

"为什么她的皮肤比我白呢？"

"为什么升职的是他，不是我呢？"

……

类似这样的对比，人们越思来想去，越嫉妒。从具体的内心感受来讲，嫉妒的表现由攀比到失望，由羞愧到屈辱，由不服到恐惧，由恐惧到憎恨。发展到最后，就出现了仇视。如果此时再不加以控制，可能体现为具体的行动，做出对双方十分不利的举动，破坏彼此的关系，影响人们对他的印象。

三、 点燃内心能量， 冷却嫉妒之火

在日常工作和社会交往中，嫉妒往往发生在一些与自己旗鼓相当

并能形成竞争的人身上。例如，当有人获得论文奖时，大部分人会过去赞扬和祝贺，但嫉妒的人一言不发地坐在那里。由于他的矛盾心理，他可能会攻击这份论文或对方在其他方面的"缺陷"。如果对方也这样做，以牙还牙，必然会影响双方的职业发展和身心健康。

当我们嫉妒的时候，经常被负面的情绪所控制，好像身体不是我们自己的一样，世界正在分崩离析。人的情感实际上都是信息的呈现，显示我们的需求和任何可能影响我们生活的威胁。如上所述，嫉妒是一种不断发展的复杂情绪。然而，当我们情绪化时，不会考虑事实，但自己无法意识到这一点。

当我们嫉妒的时候，"威胁检测系统"就会启动。我们研究了人的大脑如何在嫉妒模式下工作的问题，包括想法、感觉、行为、策略和沟通。当我们的"威胁检测系统"确认即将发生的事情时，它会启动嫉妒模式。一旦陷入嫉妒的模式，我们很难摆脱它，因为我们的负面情绪会增加。当嫉妒模式被激活并支配情绪时，它会对我们产生巨大的影响，包括会使我们自我封闭。

工作生活中，执行不合理的标准和规则，唤醒焦虑，以作为对未知事物的回应，无论是真实的，还是虚构的。最终，自己开始焦虑、愤怒和压抑，导致采取令自己后悔的行为。

1. 认识嫉妒

怎么克服嫉妒，远离嫉妒呢？我们要认识嫉妒。嫉妒思维包括四部分：核心认知、制定规则、判断偏见、焦虑与反刍。这四个部分相辅相成，共同组成一个系统，执行以下工作：维护并分析威胁检测的初始结果；放大事情的重要性；确认恐惧；持续想象可能发生的事情或是臆造已经发生的事。

（1）基本认知

基本认知有时直接影响自己的思维。基本认知通常指我们对事物的认知和看法，包括偏见。例如，关于自我感觉，你的基本认知可能是"我一点都不讨人喜欢"——无聊、无趣，不能吸引他人的注意。我们对世界的看法是建立在一些基本认识的基础上的，但人们对此知之甚少。

认知与事实是有区别的，我们常常会混淆认知和事实。例如，在一个陌生的城市，深夜，你独自一人走在返回酒店的路上，此时你突然听到有脚步声不断逼近，你心想，我一定是遇到坏人了，可能会抢劫我。你越想越紧张、害怕，于是加快了脚步，生怕自己被追上。

如果你换个角度想，这个人可能刚开完会，也许他和你住的是同一家酒店，那么你就不会感到害怕，甚至还会觉得安全，慢慢走回酒店。

在这两种情况中，初始设定的情景是一致的——深夜独自一人走在路上，身后有陌生人快步尾随。不同的是，你对这个情景的认知究竟是危险的，还是安全的。同样，在日常生活中，我们的认知有两面——对与错。

当我们焦虑、愤怒或是悲伤时，常常会把自己的想法视为事实，并根据自己的想法肆意下结论。其实，这些想法并不一定都是正确的，但在找到真相之前，谁也无法判断。

（2）认知与事实的差距

基本认知就是事实吗？试想，如果我对你说："我觉得，我是一匹斑马。"你可能会用异样的眼光看着我，认为我疯了。如果我坚持说："我就是一匹斑马。"这时候，你到底该不该相信我？让我们来看看事实。我照了照镜子，会发现我身上没有任何黑白条纹，我看起来连匹马都不像，更别提像什么斑马了。

当我们感到愤怒或焦虑时，常常把自己的想法视为事实，坚信自己是对的，并且把这份"自信"当作证据。物质并不为人的意识所转移，即你的"自信"并不能作为真正的证据。

你的认知可能是对的——也许你的同事对你有恶意——但也有可能只是你的想象。引起嫉妒的通常是一些消极的核心认知，而我们恰恰将这些认知视为事实。

我们总是倾向于寻找能够验证自己原有观点正确的信息。我们很少意识到这种偏见——这是大脑的自动选择，即寻找能够证明自己的信息。例如，当有人在你说话时打哈欠，或是改变话题时，你会认为自己所说的话没有意义，令人觉得无趣，而不会去想其他的原因，因为你只能看到与你认知一致的信息。

记忆同样也倾向于那些证实自己基本认知的信息。当人们情绪低落时，会选择性地回忆。他们的记忆是由情绪和对自己的消极认知引导的。我们对自己的基本认知也是如此——我们选择性地记住那些与自己想法一致的信息。判断偏见同样适用于对其他人的认知。例如，如果你认为其他人不可信，那么你就会选择性地注意并回忆其撒谎的信息。

基本认知多数是过于笼统、刻板，且受判断和偏见的影响。假如你的基本认知都是对事物产生怀疑的，并且你的大脑开始自动运行来确认这一点。

如果你的基本认知和某些既定事实产生矛盾，又该怎么办呢？此时你会为自己辩解："凡事总有例外。"

我们不会去想有多少人是忠实可靠的，有多少人是不可信的，因为我们的大脑拒绝去考虑这种概率性的问题。我们总是倾向于关注有故事和画面的信息。

（3）了解认知的来源

这些认知是怎么来的？源头是哪里？自我认知大多是在童年时期建立起来的。以下是一些导致嫉妒的常见认知：

◎如果我们周围都是些不可信、不正直、靠不住的人，那么，我们很可能会建立起"人都是不可信"的认知。

◎如果周围的人都认为，外表就是一切。那么，我们可能会将外表作为建立亲密关系的主要条件。因外表魅力而建立感情关系的双方，往往会因为出现了外表更出色的第三方而产生嫉妒。

◎从小缺少父母的关注会让我们产生自卑和无法肯定自我的认知。我们常常自我消化这种认知，从而导致我们不再信任周围的任何人。

2.　如何避免嫉妒

既然我们知道嫉妒的来源，也知道其危害，那么，我们如何避免嫉妒呢？以下几点值得思考。

（1）深刻认识嫉妒的危害

嫉妒的人之所以如此多，是因为人们没有意识到嫉妒的危害，或者对此不够重视。如前所述，嫉妒不仅会影响自己的身心健康，使自己整日沉溺在对别人的嫉妒之中，从而浪费了宝贵的精力，不仅让自己离成功越来越远，还会给他人带来伤害，影响正常的人际交往和社会的和谐。因此，要想克服嫉妒，认清其危害是首要前提。

（2）树立正确的世界观、人生观

嫉妒并非孤立的心理活动，而是与人的理想、信念和世界观等因素紧密相连。嫉妒的人，其理想和信念都是畸形的、不健康的，其世界观是以自己为中心的，他们把自尊曲解为凌驾于别人之上，从而形成了不允许别人超过自己的扭曲心理。因此，克服嫉妒心理，应该从树立正确的世界观、人生观入手，只有抛弃了以自己为中心的心理，才能够真正做到与他人和平共处，从而赢得他人的认可，获得成功。

（3）正确看待自己

嫉妒源于自己的危机感。因此，克服嫉妒心理需要客观、公正地看待自己。应该看到，别人能够取得的成绩，自己也能够取得，别人的成功并不等同于自己的失败。更何况尺有所短，寸有所长，每个人都有自己的优点和缺点，不能看到别人的优点就自卑，而是应该发现自己的优点，努力改正自己的缺点，实事求是地衡量自己，从而做出正确、合理的规划，在赢得广泛认同的同时，赢得事业的成功。

（4）提高自身能力

培根曾经说过："每一个埋头于自己事业的人，是没有时间去嫉妒别人的。"在现实生活中，那些嫉妒心强的人往往能力不强，嫉妒的起因就在于他们不能正确看待别人的成绩。也就是说，如果能够化嫉妒为动力，努力学习，使自己的能力不断提高，嫉妒心理就会慢慢消失。

（5）增强心理素质

凡是嫉妒心强的人，都是心理素质不强的人，他们或心胸狭窄、多疑多虑、或自卑内向、心理失衡。因此，努力提高自己的心理素质，以健康的心态面对生活和竞争，是克服嫉妒心理的有效途径。

（6）追求人生真谛

克服嫉妒，要对人生价值有正确、积极地认识。如果能够做到淡泊名利、心胸开阔，就不会太在意别人的成功与自己的暂时失意，更不会嫉妒他人。因此，克服嫉妒心理，应该树立远大的理想，探索人生的真正意义，从而将精力用在需要的地方。

（7）善于自身调节

嫉妒经常发生在工作中，因此要格外注意修养，尊重他人。我们不仅仅要克服嫉妒，还要避免或者减轻嫉妒带来的痛苦，才能在事业上取得成功，感受生活的乐趣。当嫉妒蠢蠢欲动时，会非常显著地影响自己的意识和行为，从而控制自己的情绪。这需要冷静地分析自己的想法和行为，客观地评价自己，从而找出差距和问题。治愈嫉妒的良药是幸福感，我们应该善于从生活中寻找幸福。

总而言之，嫉妒是每个人在生活和事业的障碍。如果要获得广泛的认可，并取得成功，需要不断提高自身素质，努力克服嫉妒。否则，嫉妒只会导致自己离理想越来越远，甚至误入嫉妒的深渊。

03　始终保持热情

工作热情的丧失，时常感到迷茫、麻木，除了外部环境的不适应之外，这些感觉基本上都是心理原因造成的。如果你将工作视为一个成长过程，并了解工作可以磨砺你的意志、提高你的能力并获得经验，你就会将较少的薪酬视为学费，并在工作中获得乐趣。即使你暂时没有得到晋升和加薪，你也不会记恨，因为你知道在付出的过程中你并不是什么都没得到。

一、不做职场 "橡皮人"

很多管理者抱怨，有的员工就像 "橡皮人"，没有工作效率，不接受任何新事物和新观点，不在乎批评和赞扬，更没有荣誉感。这里说的 "橡皮人" 是指一种拥有颓废气息的职场人。"橡皮人" 一词源于一部小说，反映当代都市迷失自我的年轻人的状态。今天，这个词变成了 "橡胶白领"，指的是 "没有神经，没有感觉，没有效率，没有反应，整个人像是橡胶做的，不接受任何新事物，不关心是否被批评或表扬，在职场上鲜有耻辱和荣誉感的人"。

据统计，进入职场 3 年到 5 年内，一些人会有"橡皮人"的特点。这不是一个好的气场，如果长期发展下去，职业感逐渐"橡皮"化，职场发展可能会受到相应的影响。职场"橡皮人"最显著的特点是气场能量充满了冷酷、阴郁、消极的工作情绪，逐渐丧失工作热情，他们会变得对工作漠不关心。这种状态侵蚀着职场人的事业心。

你是不是职场中的"橡皮人"呢？

下面有一个测试，总共 10 个题目，符合情况得 1 分，不符合情况得 0 分，最后累计得分。

（1）当你收到一个新任务时，总是需要等待一段时间才开始，总觉得工作很简单，不用太担心。

（2）不管开什么样的会议，你都会发呆走神，心烦意乱。

（3）你觉得新人有点异想天开。事实上，他们什么都不知道。

（4）你觉得工作中可以浑水摸鱼，因为你找不到适合自己的位置。

（5）如果公司改变了管理制度，你会认为它只是形式化。

（6）你一直想知道，为什么领导总是做出一些错误的安排。

（7）如果出了问题，你不想解决它，总是认为别人会去解决它。

（8）公司的人事安排，你以为你知道里面的"套路"。

（9）你一年没有受到任何批评或表扬，但你不在乎。

（10）你在休息的时候出去参加聚会，总是会聊一些公司的事，得到大家的回应。

测试结果：

◎1～3分黄色警告：你不是"橡皮人"。你对自己的工作还是有热情，但也有点"橡皮味"。如果你继续下去，很可能会改变你的领导和同事对你的看法，降低他们对你的期望。

◎4～6橙色警告：你有"半橡皮化"的特点，个人"品牌价值"下降很多，对工作没有热情。不过，考虑到你的工作能力和经验，暂时不会被淘汰。

◎7～10分是红色警告：你变成了"橡皮人"，对工作没有热情，很麻木。长此以往，可能会被单位裁员，或因"套路"过多而被拒绝。

为什么会沦为"橡皮人"呢？我想给大家讲一个真实的故事。

两年前，一个27岁的男孩来找我，告诉我他的困惑。这个年轻人在高中表现不错，后来被推荐到名牌大学。大学期间，他不仅学习成绩优异，还积极参与社区活动和社会工作。他是学校里十分活跃的人。毕业那年，一家上市公司看中了他，请他做企业宣传。这个年轻人正值巅峰，充满激情，想在工作中大显身手。由于部门人员少，工作量大，他需要写很多材料。除了这些任务，他还必须考虑到领导的临时任务，包括安排工作餐和商务旅行服务。通常情况下，其他同事下班了，他还在办公室加班，周末很少休息。

他的职业态度有目共睹，领导和同事都非常欣赏他。企业宣传部主任调离后，这个职位一直空缺，他认为，这个职位是自己的。不料，一位新董事因公司人事变动而被降职做了企业宣传部主任，这个男孩也受到了影响，不得不继续工作在原岗位。这件事对他打击很大，也降低了他的工作热情。渐渐地，他不再那么努力了。一开始，领导批评他拖拖拉拉、消极怠工，他也有些愧疚。但是一想到自己的处境，他就彻底失去了热情，觉得好坏都无所谓。领导批评他，他既不解释，也不反驳。亲戚朋友见他不高兴，建议他换工作，换个环境重新开始。他一想到公司稳定的福利和丰厚的薪资，总是犹豫不决，尤其是看到以前的同事离开后没有得到更好的发展，他打消了辞职的念头，打算继续混下去。

他来找我的时候已经在公司工作了五年，对这份工作没有寄予厚望。他每天机械地上下班，没有追求，没有目标，只有两个字："麻木"。他不知道自己为什么会变成这样，也不知道如何改变现状。

这个年轻人的情况，是很多"橡皮人"经历过的。他们本来是有理想和抱负的，因为自己的一些经历，对工作感到失望，所以对工作持消极态度。这种情况类似于"过载＋麻木"。从心理学的角度看：某种行为的背后有相应的行为目的。当一个人不能用正确的行为来实现他的目标时，他就会用错误的行为来进行发泄。作为员工，他付出了很多努力，但并没有得到他想要的结果。他看不到希望和未来，所以他用自我克制来缓解内心的失落和痛苦。他一方面迷失了自己的发展方向，另一方面又毫无价值感地忍受着自己的工作，在迷茫和麻木的双重折磨下工作，最终成了"橡皮人"。

这种解决问题的方法是消极和不合理的。当今社会竞争激烈。如果不及时调整工作状态，很可能会导致领导不悦，甚至丢掉工作。走进任何一家公司，你都会发现，受人欢迎、受人尊敬的员工，一定是对工作充满热情、始终诚实的员工。

职场中的"橡皮人"有以下几种：

（1）自信的"橡皮人"。自信的"橡皮人"根本不在乎别人的看法和质疑。然而，在团队合作中，"讨论"是一个在做出决定之前不能跨越的程序。"橡皮人"往往无法对抗如此多的反对意见。盲目的自信只会让人盲目地坚持，这类人其实是用不屑和封闭来装扮成"橡皮人"。

（2）脆弱的"橡皮人"。自卑的人总是需要更多的自我保护，以确保自己不受到伤害，而"橡皮"外壳的强度和韧性成为自卑者的最佳选择。

（3）无聊的"橡皮人"。失去所有的目的和激情，觉得工作极其无聊，没有一个感兴趣的对象，这就是无聊的"橡皮人"的感受。这样的人只有重新获得力量，为自己设定目标，重新点燃对事物的兴趣，才能得救。

（4）冷酷的"橡皮人"。如果在工作中遇到不公平和不满意的事情让他烦恼，不能解决时，他就会反击。当反击无效时，他所能做的就是放手，表达无声的抗议。

如何避免陷入这种无助的漩涡，恢复职场"弹性"呢？我们如何才能在复杂的工作环境中灵活变通，实现我们崇高的职业理想呢？

常常有人这么说："不要忽视你现在在做什么、以后要不要转行。如果你是会计，不要天天看账本，做一个有思想的人，多思考。我相信几年后你和别人有很大的不同，当你厌倦了工作，想换工作的时候，你会发现自己比别人强很多。"

　　除非你选择不工作，一旦你选择了工作，你必须对自己的选择负责到底。这种责任的外在表现是对工作的热情，不计较得失、名利。事实上，当你带着热情在岗位上工作时，你想要的一切都会及时到来。正如亨利·戴维·梭罗所说："如果一个人满怀激情地朝着自己的理想方向前进，努力经营他向往的生活，那么在正常情况下，他将取得意想不到的成功。"

　　对此，职场心理学家给出了以下建议：适时调整职业规划，橡皮筋如果不断拉长就会失去弹性，而日常工作压力和重复性工作也让职场人失去敏感性，并逐渐机械化。因为失去了对工作的热情，工作逐渐变得寡然无味。

　　那么，对工作失去热情的原因是什么？

　　大多数人回答是：工作本身太无聊了。然而，在现实中，问题往往不是你的工作，而是你自己。积极性是工作顺利开展的重要精神支柱。如果你对自己的工作没有热情，即使你做了自己喜欢的工作，你也会感到无聊。

　　巴克·罗杰斯曾说过："我们必须从工作中获得更多的意义。"当我们离开校园时，工作成为我们所有关系的主要来源。我们的喜怒哀乐在我们的工作中留下了持久的印记，因此应该在工作中找到乐趣、成就感以及和谐的关系，这是我们工作的另一种收获。这和职业氛围的形成，保持高涨的工作热情同等重要。如果你失去了工作热情，你就永远不会有积极的职业氛围，即使是需要专业技术的专项工作也需要热情。

　　如果你想改变你的"橡皮"气场，需要足够的热情来重新点燃你的职业气场。没有热情，永远无法拥有积极的职业气场。有了热情，你的气场可以释放潜在的巨大能量，展现出强大的个性；让工作充满热情，可以让枯燥的工作变得生动有趣，让自己充满活力；用你的热情来感染周围的同事，让他们了解你、支持你，从而形成良好的人际关系；有了热情，你有了工作的动力，才会有更好的发展。

一个有激情的人，他的气场强大，即使他不说什么，只是努力工作，周围的同事、领导也能感受到他强大的职业气场。在当前的工作中找到快乐，找到自己的意义和价值，让你的职业氛围充满热情，从而可以更加全心全意地工作，创造更多的辉煌。

二、 职场激情从心而生

对大多数人来说，在顺境时拥有激情并不困难，但在遇到挫折时很难保持激情。如果你觉得有点不满意就抱怨，受到一点打击就感到沮丧。那么，无论你从事什么工作，都找不到工作的激情。那些取得了一定成就的人，都保持着向上的斗志，即使在最坏的情况下，也是不屈不挠的，保持着永不言败的精神。

如果你想在工作中保持激情，首先要改变你的心态，然后再改变你的行为。

1. 不要让环境影响情绪

我们不能控制外部环境，但可以控制我们的情绪。很多时候，当我们的心情改变时，环境随之"改变"。这种"改变"最初是在处理问题方式上的变化，然后经过积极努力，在本质上发生变化，并最终朝着好的方向发展。

2. 不忘初心，方得始终

最初进入职场，每个人都有一个美好的愿望，并渴望取得一些成就。后来，渐渐开始浑浑噩噩，因为忘记了自己的初衷。当激情消退时，不妨多想想自己最初的工作目的，以此激励自己。毕竟，激情是别人无法给予的，只有发自内心的激情才能永恒。

3. 将挫折视为进步的阶梯

某企业家曾说："挫折不是惩罚，而是学习的机会。"对于工作中的挫折，不要总是从消极的角度看待，而要挖掘出它的积极意义。逆境可以让人们更加了解自己，看到自己的缺点。从挫折中寻找积极的能量，成为提升自己能力的阶梯。

4. 奋斗

刚开始做一件事，自己总是充满活力，但过了一段时间，就会放松下来，逐渐失去了动力。直到有一天，看到周围的人在某领域取得了巨大的成就，然后感叹："如果我一开始就坚持这样做，会发生什么？"成功的光环总是最引人注目的，但成功背后离不开辛勤工作。在这个人才辈出的时代，你需要有高超的技能、优秀的才能、坚定不移的决心和不懈的努力，才能脱颖而出。

5. 秉持工匠精神

工匠精神讲究脚踏实地，而非豪言壮语。与其为实现目标而摇旗呐喊，不如从小事做起。如果只知道夸海口，不能付诸行动，即使有万千的好想法，最终只能欣赏别人的传奇。

优秀的成功者都具备锲而不舍、勤奋努力的特质。从他们身上，我们感受到的不只是震撼，还有敬佩。世上没有唾手可得的成功，不认真付出、不刻苦去学、不执着追求，无法从平庸走向卓越。

所有的激情总有褪去的一天，唯独清醒、勤奋、坚持的人可以走到最后。由勤奋坚持下来的激情才是真实的激情，才是有结果的激情。

勤奋不仅是普通人的成功之道，也是成功人士的必备条件。某花式游泳冠军曾说："虽然我们遥遥领先，但我们仍然每天训练 10 个小时，这就是我们成功的秘诀。"就算你现在很优秀，但如果不努力，肯定会被别人超越。

只有像工匠一样勤奋、脚踏实地地雕刻每一件事，我们才能充分发挥自己的潜力，创造更多的价值。如果没有事业至上和努力工作的精神，那只能在懒散和懈怠中度过一生。

无论你现在从事什么工作，只要你努力，最终你会从努力中得到收获。你收获的不仅是升职和加薪，也是个人能力的提升。

三、 缓解 "木乃伊" 情绪

你是一家公司的负责人，薪酬高、办公环境优越，感觉现在可以松一口气了，终于坐到了自己想要的位置。安安稳稳地生活了几年后，你逐渐发现自己无法很好地适应工作，因为领导越来越苛求，工作越来越难以处理。

到了这个时候，年龄和生活的压力让人很痛苦，即使知道逃避没有意义，很多人此时还是选择做"木乃伊"。用这种情绪自我麻痹，归根结底，这是自欺欺人。

为什么生活越来越不如意？简单来说，不是你不够努力，而是比你优秀的人比你更努力。

一位公司高管讲述了自己的故事："小时候，我是一个农村的穷小子。我用妈妈给我的几百元在深圳打拼，吃不饱，没钱买衣服，为别人打工。十年前，我没有才华、没有学历。在这样一个繁华的大都市，我默默地凝视着落日，惆怅地睁不开眼。

我做过很多工作，第一份工作是洗车，最后领导没有给我一分钱工资。走在灯火通明的街道上，我身无分文。晚上，我没有地方睡觉，就睡在公园的躺椅上，薄薄的毯子让我辗转反侧。

在这个繁华的城市，我觉得世界已经抛弃了我。那一刻，我难过得只想哭，这种深深的痛苦顿时清空了我的思绪。我决定改变自己，我不想一直这样。为什么我不能做别人能做的事？我是个有手有脚的健康人。之后，我收拾好破烂的行李，开始找工作。当我看到有招聘人员时，我推开门走了进去。人家看我脏兮兮的，不愿意聘用我。直到一个酒吧急需招人，我才有了一份能养活自己的工作。我的工作是当保安。我在门前站岗，下班以后，做兼职发传单。

干了半年，存了一点钱，拿了钱报了个培训班。后来，我辞去了保安的工作，在一家大饭店工作了三年。领导看到我是一个吃苦耐劳的人，把我提拔为主管。我认真学习，学会与人打交道，学会做好本职工作。第四年，我辞掉了经理的工作，自己开了一家小餐馆。我的服务态度很好，老客户不断光顾。两年后，我拿出了所有的积蓄，重新装修了店面，将店面扩大了一倍，还请来了父母帮忙。

直到现在，我有了自己的家庭、房子、车子。这么多年的奋斗，来自在公园度过的三天。我不希望自己永远活得卑微，我想改变自己。生命永远在你的手中，你准备为自己创造什么样的生活，就会有什么样的未来。"

克服 "木乃伊" 情绪，需要这种气锲而不舍，越挫越勇的精神。若只满足当下现状，就实现不了突破。

简单来说，如果只追求安逸和稳定，自然就不会斗志昂扬去拼搏和进取。如果你的梦想还没有实现，如果你对现在的状态不满意，不如从这一刻开始，试着做一点小小的改变，每天多做一点，向着目标前进。成功看似遥不可及，但只要坚持下去，总会得到满意的结果。

面对 "木乃伊" 情绪，除了工匠精神，另外一种精神也不可或缺，那就是创新精神。

如果要做到这一点有两个方法：一是技术创新，二是营销模式创新。也就是说，都需要有创新精神，为公司创造更多的利润。当你这样做的时候，你就会成为公司里非常宝贵的人才。如何更有创意？答案很简单，对客户怀有感恩之心。

在这个世界上，最有价值的想法是让客户感到惊喜的想法。只有对客户十分了解，才能知道如何给客户惊喜，知道客户最喜欢哪些产品和服务。如果你想实现你的理想，尽你所能发挥你的创造力，实现技术创新和营销模式创新。

在悬崖边上，有一条蜿蜒崎岖的羊肠小道，悬崖上方的低洼处是三个原始高山湖泊的所在地，湖中有大量肥美而饥饿的虹鳟鱼。然而，到达湖泊的唯一办法是沿着一条危险的狭窄岩架，横穿那段陡峭的悬崖。如果要去享受钓鱼的乐趣，要经历险峻的悬崖。

这是某作家一本书中讲述的一个短篇故事，它给我们带来了这样一个启示：能轻松抵达的湖泊大多只有小鱼，大鱼都在隐蔽凶险的湖泊里，而这些大鱼只能由胆大的冒险者钓到。事实上，客户的出人意料的想法就像上面短篇小说中的"饥饿的大鱼"。如果你想实施这样的想法，你需要非凡的勇气。一个不敢冒险的人，不可能有伟大的创造力，很难成就伟大。从某种意义上说，激发创新的勇气给客户带来惊喜，是对客户最好的回馈，也是对公司最好的回报。

如何拥有创新的激情和勇气？很简单，你要做的就是永葆青春。一旦你能坚持用年轻人的眼光去观察这个世界，你就有可能找到绝佳的创意，即为公司创造丰厚利润的创意，让你成就卓越的创意。

第五课

05

态度决定
工作成绩

没有完成的工作就是"残次品",而当你坚持并全心全意地做成时,它就会变成一个美丽的产品和一份值得骄傲的成绩。在职场中,如果我们总是一味地抱着"下一份工作更好"的想法,虎头蛇尾地工作,将无法体验到成功的喜悦。

01　拒绝　"差不多"

在工作中，某些人都有"差不多""还可以""凑合""过得去"这样的态度。然而，"差不多"的结果比实际情况更糟糕。如果我们有"差不多"的心态，我们的工作会频频出错。

如果你不在乎每件事，你不想变得强硬，只求舒适，过得去，对人对己"差不多"行了。结果可能就会是工作草率，产品交付给客户，要么退货，要么索赔，公司丢掉客户和市场。"差不多"有着很大的潜在隐患，"差不多"现象的存在会损人害己。因此，决不放任它滋生和传播。我们必须找到克服它的方法。

一个优秀的员工必须在细节上努力精进、下功夫，对每件事都要认真仔细，并从脑海中剔除"差不多"这个想法。一件小事上的错误或一个细节上的疏忽可能会导致之前所有努力白费，甚至一败涂地。市场竞争日趋激烈，企业往往投入大量资金却只赚取微薄的利润，任何细节上的错误都可能损失微薄利润。随着社会分工越来越细，专业化程度越来越高，精细化管理的时代已经到来。

职场中有人在面对工作时总是说"差不多""还可以""慢慢来"。在这种意识的影响下，工作自然会出一些问题。当问题出现时，他们总是为自己找借口："只是螺丝拧歪了，不会影响全局！""报告中有一个数字填错了，下次注意就好了。""只是文档的页码标记错了，没什么大问题，下次注意"等。

每个人应该避免陷入这种误区。无论你做什么，都应该反复扪心自问："真的'差不多'就行了吗？差的那一点会对自己、公司和客户造成什么伤害？"只有这样，我们才能告别"差不多"先生，真正和"失之毫厘、谬以千里"的工作失误说再见。

事实上，很多时候我们缺乏的不是技术、设备、流程和理念，而是缺乏坚持不懈的工作精神。只要我们有消除"差不多"的决心，做好自己的工作，自己就会快速成长，公司才有好的发展前景。

02　抬头干事

职场中，很多人不愿意干超出自己职责范围的工作，在工作中喜欢循规蹈矩，抱着一种其他的与自己无关的心态。总是觉得没有过错就好，按照从前的工作模式，不求改变。

在职场，不参与工作以外的事情，对其他人少闻少问，这可能会造成对自己的封锁。当有一天自己面对变化的环境时，会因缺乏沟通和相处能力而非常被动。

在经济有下行趋势时，有些人会选择改变行业，而那些能够改变行业的人一定是在这个变化的时代里努力提升自己，才能游刃有余地适应新变化。

在职场，我们要有勇气面对不同的工作，涉足不同的岗位，多方面培养能力和积累经验。这样，我们就可以应对可能发生的变化。身在职场，两耳不闻窗外事，一心只做自己的工作，这行不通。

职场中，职场新人不仅要闻窗外事，还要在自身领域通过学习提升能力。职场新人必须有自己的专长和职场能力，这是脱颖而出的核心竞争力。凭借专业能力，职场新人才会在职场立于不败之地。同时，还要综合发展，多储备一些知识，以应对瞬息万变的竞争，因为不知道明天会发生什么。

03 有始有终

对于工作任务，职场人首先要做到的就是态度要端正，先完成，再完善，后完美。

例如，许多公司在年初制定了一系列规划目标，将其细分到每个部门、每个小组，直至每个人，工作安排得井然有序。但到年底，这些目标是否完成？哪些还没有完成？没有完成的原因是什么？不能没有下文，不能只有一个含糊的答复。

做事切忌有始无终、半途而废，许多人不能成功的原因不是他们缺乏能力，而是他们缺乏毅力，没有坚持不懈的精神。对于员工来说，有始无终的坏习惯是最具危害的。做工作，半途而废，不仅是工作没有完成，还可能使你养成虎头蛇尾的坏习惯。

很多职场人，工作做不好，往往就败在虎头蛇尾上。最后，他们往往会怀疑自己的目标和能力。例如，当看中一份工作时，他们会满怀热情地开始做这件事，但是往往不能始终保持。他们时而信心百倍，时而沮丧低落。可以说，这样的人可能会在短时间内取得一些成就，但从长远来看，最终将是一个失败者。因为在这个世界上，没有一个虎头蛇尾、犹豫不决、优柔寡断的人能够取得成功。

　　工作需要热情，完成一份工作需要坚持。没有热情，就会缺少工作动力；只有热情，没有毅力，难以完成。在日常工作中，每个人都有未完成的工作。从现在起，静下心来，继续完成工作，一旦你把它们完成后，你会非常有成就感。

06

别让"跳槽"毁掉
自己的职业生涯

在日常工作中，有人会因为觉得目前的工作不适合自己，失去了对工作的热情，甚至不想工作，于是就会辞职，然后可能是不停地找工作。如果你一时冲动想辞职，必须先冷静下来，考虑利弊，然后制定下一个职业规划。

01 不要 "闪辞"

倦怠是正常现象，同一件事情做久了，肯定会疲倦。要解决这个问题，我们不应逃避，而是要想解决的方法。一些人在经历了职业倦怠之后选择了换工作。这是最好的方式吗？

职业倦怠，可能来自个人价值没有得到体现，感觉不到在公司中的重要性。还有，人际关系不和谐、能力提升缓慢、工作进度缓慢、薪酬不理想、被领导忽视等，这都可能导致职业倦怠。在这种情况下，换工作可以改变工作内容、工作环境和人与人之间的关系，暂时取代以前工作的疲惫，甚至可以感受到工作带来的快乐。简言之，这一切都令人鼓舞，但这种情况也许不能持续下去。

原因很简单，任何一份工作其实都需要做重复的事情，同样，你依然还是要与同事交流，不和谐的因素依然会出现，在之前企业遇到的情况依然会重演。由此可见，不是问题解决了，而是由于各种因素的暂时改变。随着时间的推移，只要你继续工作，职业倦怠依然会出现。因此，换工作可能只是治标不治本，一定要慎重。

30 岁的李建军，目前在一家技术研发公司担任销售经理，主要负责产品推广和销售。

四年前，李建军硕士毕业后申请加入该公司，并在技术部门担任工程师助理。在上大学期间，他的专业知识十分扎实，平时也很好学，所以工作比较顺利。有一次，团队在一个项目的研发过程中遇到了一个技术问题，负责该项目的工程师不知所措。后来，李建军阅读了大量材料，解决了这个问题。他受到了该工程师和部门负责人的高度赞扬。

两年后，公司的销售业绩有所下滑，甚至影响了企业的生存。领导很担心，如何快速提高销售业绩成为当时所有员工最关心的事情。此时，李建军主动请缨，从技术部门调到销售部门，协助销售部门提高销售业绩。

到了销售部门后，他根据产品的不同特点调整了营销策略，重新定位了各个系列的产品，并在广告中对产品进行更有针对性的推广。虽然他以前从未做过销售，但经过调整后，公司销售业绩显而易见地提升了，这不仅给销售部门的人留下了深刻的印象，也让李建军在业界声名鹊起。

但随着时间的推移，李建军渐渐厌倦了销售工作，他经常因为一件小事与同事发生冲突。主要原因如下。

首先，他认为，从自己的个性和兴趣来看，他更喜欢做技术工作，不太喜欢销售工作中的一些做法。但如果他回到技术领域，收入就会下降。其次，工作这么多年后，他觉得自己的心理压力越来越大，觉得自己的 "能量" 快用完了，无法做得更好。

从以上两个方面来看，他有离开的想法，但他有点犹豫。他到底应该辞职，还是留下？

对于想 "逃离" 的第一个原因，虽然他觉得自己并不喜欢销售工作，但是他在销售领域做出了让同事惊叹的业绩，也就是说他在销售方面是很有潜力的。可以肯定的是，李建军是一个有能力的员工，也比较适合做销售方面的工作。当然，性格、兴趣对于工作也很重要，但这只是工作的一个方面，并不能作为是否换工作的主要依据。

第二个想 "逃离" 的原因是心理压力大。职场中，我们面对工作，在发挥自己所有潜能的同时，应当及时充电，否则个人的业绩会越来越差，这会与之前的情况形成一种落差。于是，产生职场倦怠，严重影响心态，最终产生离职的想法。在这种情况下，做出的决定是受情绪影响的，也是不客观的。

结合上面的阐述，在职场中出现职业疲倦是很正常的现象，而跳槽可能并不是好的方法，并不能彻底地解决这种职业倦怠感。那么，我们该如何应对呢？不妨从以下几个方面进行调整：

（1）调整心态。这是最简单的方法。做任何事情之前，你首先必须有一个良好的心态，以最大限度提高你的成功率。职业倦怠之后，你是逃避现状，还是调整心态，继续走向成功？当然，后者是最明智的选择。俗话说 "境由心生"，改变心态可以改变职业倦怠。

（2）适时充电。如果一个人在工作前期，业绩非常好，但是后期工作能力跟不上，必然会影响到个人发展，这个时候容易产生职业疲倦。因此，适时地充电，不仅有利于个人成长，还可以避免职业疲倦。

（3）树立学习目标。任何工作在刚开始的时候都会感到新鲜，过了一段时间之后很多人会感觉到疲惫。因此，我们应该在职业中不断树立学习目标，不断学习某个领域的新知识、新技术。这在提高工作技能的同时，也会消除职业疲倦。

总之，不管你从事什么职业，都会出现职业疲倦，此时不能简单地通过跳槽来回避这个问题。

02　盲目跳槽可能迷失自己

公司效益下滑，当其他同事开始流动，自己就开始犹豫了。如果这时有同事在旁边 "煽风点火"，自己就会越发迷茫，甚至不知所措，最后索性跟着同事一起离职。例如，有时候会听到这样的对话。

"听说小李辞职了，你知道吗?"

"小张最近好像也要离职!"

"哦! 我是不是也应该走呢?"

当然，看到别人离职，对自己的心理必定会有一些影响，尤其是当传闻满天飞的时候，很多员工都有不想坚守下去的想法。

其实，每个员工的情况是不同的，不能主观地认为企业效益下滑一定会影响到自己，毕竟每个人的条件都不同。完全跟着别人走，多是被表面现象所迷惑，不能冷静地分析自己的现状。刚入社会的职场新人最容易受影响做一些不明智的决定。

　　小舟在一次酒店的大规模招聘中入选成为一名新员工，在后勤部门工作。入职后所有的新员工都要参加培训，学习各种规章制度。由于这是一家新酒店，所以培训非常严格，自然周期也长。很快一个月过去了，不知道什么原因，酒店并没有如期开业，由于员工还处在培训阶段，只能领到底薪，部分员工选择离开。小舟看到有些员工离职，心里也打起了退堂鼓，但最终还是留了下来。

　　时间一天天过去，酒店不但没有开业的消息，反而谣言满天飞。离职的员工越来越多，当初一起进来的几百名新员工走得没剩下几个人了。小舟又一次动摇了。这个时候，朋友小张劝住了小舟，小张说："酒店是有实力的，建议还是留下来，等等再说。"

　　半个月之后，果然酒店经理找到小舟，告诉他酒店马上就要开业了，留下来的员工工资集体上调30％，而且要对他们进行深层次的培训，小舟在这段时间也学习到了很多实用的管理知识。随后酒店董事长召开了员工大会，董事长意味深长地说："由于种种原因，酒店开业推迟了将近 2 个月，有些员工离职了，这我理解，但你们留下来了，我非常感谢你们，也说明了你们对酒店的忠诚，今后我也会用同样的忠诚对待大家。"后来，小舟才知道，这其实是董事长的一个筛选策略。

　　对于小舟来说，他是幸运的，没有随大流的他最终得到了领导的赏识。对于那些跟随其他人离开的人来说，他们的待遇是否提升了30％？职位是否得到了提升？是否找到了一个更好的发展平台？这些都是未知数。

当然，这并不是说随大流是错误的，但对有些事情，我们必须要有自己的思考与判断。例如，看到有些人辞职了，这时候不是盲目地跟着他们一起辞职，而应该理智思考、客观分析。首先，每个人的情况、想法都不同，其他人走出去，也许会过得更好，但是你不一定；其次，之所以有很多人跟风，可能是因为他们无法判断自己的做法是否正确。如案例中客观地分析，之后才能够做出正确的选择，让我们在职场中快速得到提升，不至于总是绕弯子。

1. 如何面对离职效应

当职场出现离职效应时，我们应该如何分析和思考？

（1）认真分析离职原因。当你看到一些员工离开时，不要冲动，分析一下其离开的原因，是企业效益下滑，还是个人原因？如果是出于个人原因，则不能做一样的决定。但是，有些员工最初是因为个人原因离职，离开公司后却责怪公司，这会产生误导性。如果是因为公司效益下滑，需要再进一步对自身情况进行分析。

（2）冷静分析自身情况。在职场中，不仅要看到企业效益下滑的一面，也要分析其他员工的离职情况，更需要清楚自己的情况。有的员工"跟风"离开，对自身职业发展影响并不大。例如，一些工作能力强、有一定人脉资源的员工，可能会找到更好的工作；相反，有些人则可能极大地影响了自己的职业发展。例如，刚进入职场，没有工作经验和工作技能的员工，会在职业发展中留下负面因素。

（3）多方分析企业机制。清楚了解自己情况后，需要充分了解自己所供职的企业，是否能提供良好的成长培训机制，是否有很大的潜力等，因为一些公司效益下降只是暂时的，不会影响到员工的职业发展。这个时候，不要盲目跟风，而是要明白，适合自己的平台才是最好的。

了解了以上三点后，当你看到其他员工的"跟风"行为时，需要稳住心态，冷静地面对一切。请记住，不要成为"跟风"人，而是做"领风"人。

2. 正确地认清自己的资质

站在旁观者的角度分析岗位，审视自己的工作资质，才会对自己有一个全面的认识。那么，如何正确地认清自己的资质，让自己不再迷茫呢？可以从以下三个方面分析：

（1）与岗位需求对比。分析你的资质是否符合岗位的需求，也许你对某个岗位有很大的信心，但是很多事情不是光靠信心来完成的，真才实学才是做好工作、获得领导信任的根本。不符合岗位需求的人才，领导肯定不会让其做这方面的工作，即使重新找工作，其他公司也不会招聘不适合岗位需求的人才。

（2）与信任的同事对比。如果在某些方面，自己与同事的资质差距很大，那么，自己就需要慎重思考离职问题。也许同事的离职是正确的，而你的离职是错误的。

（3）回顾工作历程。不管是刚刚参加工作，还是在职场中工作多年，自己或多或少都学习到了一些工作技能，在不断地成长过程中，有些成长是很明显的，例如，职位的变化；有些成长却是不明显的，例如，处理问题能力、活动沟通能力。决定离职的时候，需要不断地认识自己、了解自己，尤其是在有离职意愿的时候，更需要对自己的工作历程做一个回顾，以确保自己做出的决定是正确的。

自身的资质与工作岗位的要求有很大的关系，站在领导的角度，你的资质符合岗位要求，你就可以上岗。反过来，站在员工的角度，你有很强的工作能力，符合工作岗位的需求，那么在任何公司你都可以做出非凡的成绩。

每个人都有自己的梦想，或大或小，梦想让我们有了前进的动力，梦想让我们明确了奋斗的方向。在职场中，更不能忽视个人的梦想。有些人认为自己的梦想是清晰可见的，可是在现实中却将自己的梦想寄托在别人身上。例如，自己的同事离职，也跟着离职，认为对方能够帮自己实现梦想。这样的人总是幻想对方能帮自己实现梦想。

一档电视感情类节目曾经播放了这样一个故事，一名新员工在自己师傅辞职后，坚定地跟着师傅一起辞职，这引起了新员工家人对其师傅的强烈不满。据这位新员工的家人介绍，自己的儿子已经多次换工作，都是因为这位师傅的离职，带动了自己儿子的离职。当节目主持人问新员工为什么要跟随他师傅一起辞职时，这位新员工说："自己的工作能力还不强，需要跟着师傅学习。"

表面看，理由似乎合情合理，但是其犯了一个严重的错误，把自己的梦想建立在师傅身上。对于老员工是否应该带着自己信任的同事或者徒弟离开暂且不说，单从新员工的行为上分析，其对别人有强烈的依赖性，主观地认为跟着师傅就能够成为工作能力强的人，能够实现自己的梦想，这其实是一个不切实际的想法。

　　王建斌是一名房产销售员，因为学历不高，刚入行只能从最基层的销售员做起。入职后的直接领导李军就成了他职场的领路人。王建斌是一个很重感情的人，别人对他的滴水之恩，他必会涌泉相报，有师傅带自己，王建斌当然非常高兴，因为这能够让自己迅速地熟悉业务流程和产品知识。李军为人谦和，他看到王建斌是新人，深知工作不容易，在工作中对王建斌特别照顾。刚开始做业务，李军手把手地带着王斌去熟悉每一个业务流程，把自己以前积累的资料提供给王斌，让其学习产品知识。

　　不多久，李军接到了另一家公司的电话，以丰厚的待遇邀请其到他们那里担任更高的职位，李军很坦诚，他向现在的公司领导说明情况，公司领导听了之后也很坦诚，由于公司无法给予李军更好的待遇和职位，李军便离职了。

　　王建斌在听到李建军准备离职后，心里有些难过，顿时产生了一种失落感，同时也产生了一种想法——是否应该跟着李建军一起辞职，这样自己的能力会更快提升。因为他觉得如果李军走了，没有李军的帮助，自己以后的工作会变得更加困难。

　　随后他找到了领导，说出了自己离职的想法，领导说："在这个时候你想离职，原因我明白，你的想法我也很理解，毕竟你们在一起工作了很长时间。"说到这里，王斌低下了头。领导接着说："李军之所以离职，是为了他的发展，他有很强的工作能力，完全能够适应新工作的要求。再分析你，以你现在的能力在公司中应该会有很好的发展，如果你辞职到了新公司，就要重新开始。而且，你这是把自己的梦想放在了你师傅身上，这其实是很难实现的。"听完，王建斌恍然大悟，自己确实思想不成熟，他现在最重要的是锻炼好自己的能力，等羽翼丰满了才能飞翔，更多要靠自己。

对于信任的同事，我们总会有一些亲切感和信任感，甚至是崇拜，从而有些人把自己的一些梦想无形地寄托在对方身上，显然，这是一种依赖性。当信任的同事离职后，会让自己感到一种无名的纠结或者空虚，继而产生自己也离职的想法，主要原因就是没有将自己的梦想独立起来。

3. 正确看待信任同事的离职

正确看待信任同事的离职，客观地对待自己的梦想，我们需要明白以下两点：

（1）梦想的实现最终要靠自己。现代职场中，处理好人际关系是非常重要的。然而，人际关系不是实现个人梦想的主要因素，而是一种辅助工具。也许，信任的同事对你来说是一个很好的人脉，有同事在你身边，你会成长得更快，但最主要还是要通过自己的努力提升自己的实力，从而促进职业的发展，实现自己的梦想。

（2）把自身的梦想与情感合理地分开。分清楚情感与梦想之间的界线，不要将两者混为一谈。我们可以表达出对同事的信任之情，但不要因为对方的离职影响自己目标、理想的达成，否则，你会失去更好的发展。

一个人的成功有时候的确需要其他人的帮助，但是一个人如果过度依赖他人，当被依赖者离开时，自己就会失败。职场中，同事对我们的帮助，我们应该感谢、感激，但是对方不是唯一帮助我们实现梦想的人，所以，我们需要理智地看待信任同事的离职。

03　薪酬不是唯一

如果你去面试，面试官问你："你来我们公司工作的目的是什么？"你告诉对方："我来贵公司的目的是为了薪资、学习、求发展。"这回答没错。有的人可能认为，直接说为了薪资是不是太俗了，其实，这是一个现实的问题，只要你有一定的工作能力，面试官不会因此而淘汰你。

很少有人会不计报酬地工作。但是，有些人走进了一个误区，只要有待遇更好的公司投来橄榄枝，就打算跳槽。虽然这也是为了拿到薪资，但如果不考虑其他因素，这就有可能忽视了长远的发展。

艾禾生长在农村，父母都是做农产品生意的，经济状况一般。她期待着大学毕业之后能找一份赚钱的工作。

艾禾大学毕业后，学习新闻专业的她在一家刚成立不久的图书公司找了一份编辑工作，工资每个月 2 500 元，主要工作是策划选题、与作者沟通稿件。由于艾禾刚进入这个行业，对很多业务和流程还不是很熟悉，所以由一个老编辑带她熟悉业务。在老编辑的带领下，她很快熟悉了工作流程，但是对于选题策划还是知之甚少，毕竟选题策划需要一个坚实的基本功，而她只是一个刚入职场的新人。

一天，艾禾在下班回家的路上买了一份报纸，发现报纸上刊登了一则招聘信息，是一家文化公司在招聘图书策划编辑，月薪 5 000 元，另外，还有策划费。看到这个信息后，艾禾动心了，于是她兴冲冲地去应聘。

这家公司看到艾禾有编辑的工作经验，于是就录用了她。随后艾禾来到了这家文化公司做策划编辑，该公司要求策划编辑每个月都要策划出一定数量的选题。同她一起应聘进来且工作经验丰富的同事在工作中表现得非常轻松，每个月都能够按时甚至超额完成工作任务，并得到一定的策划费。而艾禾因为缺乏经验且没有作者资源，干得非常吃力，总是完不成任务。

一个月后，她的业绩是公司中最差的，由于承受不了工作压力，最终她选择了辞职，离开了这个原先让她觉得待遇不错的公司。

之后，她开始重新找工作，目标是待遇比较高的公司，可是待遇高的公司认为她的能力还不够，她又不愿意去待遇一般的公司。她深深陷入了迷茫之中，不知道自己到底做什么才好。

其实，盲目跳槽的人大多有过和艾禾一样的遭遇，最后自己很迷茫，不知所措。盲目追求待遇，脱离了待遇与工作之间的关系。

为了追求更好的待遇而放弃目前的工作，是很正常的。但是当你看到高薪工作的时候，你是否客观地分析过自己的能力？你是否了解这份高薪工作的要求？你是否能够胜任？如果这些你都没有搞清楚而盲目地追求高薪，选择跳槽，最终受伤的还是自己。

为了避免盲目跳槽，除了考虑薪资之外，还需要考虑以下三个方面：

（1）待遇与行业的关系。不同行业不同职位的待遇是不同的，这与经济发展有直接的关系。众所周知，近几年的金融行业发展迅速，所以这个行业的薪资要比其他行业高。但是，如果你在电子行业工作，薪资不高，当你跳到金融行业后，你能保证你在这个行业的薪资比以前的行业薪资高吗？不能，而且你还要面临相当大的风险。为什么有很多人愿意一直从事自己熟悉的行业，因为在自己熟悉的行业内工作，薪资更加稳定。

（2）待遇与能力的关系。通常情况下，待遇与能力是成正比的。在工作中，只有一个人的工作能力达到了一定的高度后，待遇才会有所提升。而很多人仅仅看到了薪资，却忽视了自己的能力，如案例中的艾禾，她只看到别的公司薪资高，却没有考虑到自己的能力，盲目选择了跳槽。试想一下，如果你没有与工作需求相匹配的能力，即使给了你优厚的待遇，你能够完成相应的工作吗？

（3）待遇与发展的关系。有些人认为，哪家公司给工资高，我就去哪家工作。这种想法是片面的。其实，不仅工作需要规划，挣钱也需要规划。

很多人会选择发展良好的公司，因为它提供的是一份稳定的工作，能够让自己稳定地赚钱。如果自己没有规划，只是看到眼前的利益，没有对自己以及职业进行认真分析，最后会如同案例中的艾禾一样，陷入茫然之中。

因此，我们需要有一个职业规划，不要轻易放弃，也不要盲目选择。当自己看到高待遇而选择跳槽的时候，要认真地对自己能力、行业发展前景以及企业状况进行客观分析，不要仅仅因为薪资而盲目跳槽。否则很容易影响自己的发展。

07

第七课

心态出行为，
行为出结果

最令人激动和难忘的事情是你咬紧牙关，在困难和关键时刻战胜了自己。如果你想摆脱平庸，拥有卓越的人生，要勇敢地接受挑战！

01　拥有自信，敢做敢闯

一位著名文学家曾说："自信是成功的第一秘诀。"在职场中，同样需要超强的自信。然而，在这方面，某些人谨小慎微、行为畏缩、瞻前顾后。这都是不自信的表现，不自信的人严重束缚了自己的潜能，甚至对自己的能力、学识、品质等评价出现低估。在充满竞争的职场里，你不够自信，职业生涯将会变得暗淡无光。

唯有自信，才能精神饱满地迎接每一次挑战，做好自己的工作。自信不是财富，但拥有并保持足够自信的人，会获得更多的机会，拥有更多的财富。

一名企业家幼时家境贫寒，他立志要创业。

第一次工作，他选择做了一名推销员，每天挨家挨户地推销肥皂。12年后，终于积攒了一定资产。恰在这个时候，他上班的那家肥皂公司计划拍卖出售公司。他想竞拍下来，但是以现有的财力相差太远。

有人劝他放弃，攒够本钱再作打算，他并没有因此而退却。第二天，他找到那家公司的管理者商谈这件事情，对方提出可以先交保证金，但剩下的钱必须在 10 天之内付清。如果违约，要交 20％的违约金，保证金将不予退还。

企业家没有多想，只说了一个字："行"。这个"行"字把他逼上了绝路。他毅然向银行申请贷款。最后，他成功购买了这家历史悠久的肥皂公司，开始了创业的第一步，这也是他走向成功的开始。

对照企业家的经历，可以清晰地看到，支撑他敢冒如此风险的，正是他的自信心和积极的人生态度。如果换作不自信的人，会找出种种借口来搪塞，比如，"假如我本钱够的话……""假如不让我承担风险……"等，之后便心安理得地行走在自己原来的生活轨道上。

缺乏自信心的人，其实是他们对挑战困难恐惧，自己在消磨成功的机会，自己堵塞了成功之路。因为他们无法了解自身的潜能，不敢去尝试，不敢去做自己能做到而没想到的事情。

在工作中，要想取得一定的成就，必须克服这种恐惧，变得坚强起来。无论面对多少艰难挫折都要保持自信，鼓起勇气，坚定地走下去。

那么，如何来激发自己的自信呢？需要从以下三方面做起：

1. 勇于开口，说出自己的想法和主张

强大的沟通能力是提高自信心的强心剂。一个人如果能把自己的想法或愿望清晰、明白地表达出来，那么他充满信心的话语也会感染对方，甚至吸引对方的注意力。从另一方面来看，把敢于表达形成一

种工作上的习惯，这能激发出自己坚定的信心，让同事、领导相信你。

因此，无论你面对的是一个人，还是一群人，面对的是同事，还是领导，要敢于把自己的想法表达出来。只要坚持不懈，一定会有收获。

2. 昂首挺胸，展现自信的姿态

除了声音可以让人充满自信以外，仪态姿势也会有同样的效果。想象一下，两个人同时出席重要场合，一个腰板笔直、衣着得体、精神饱满和一个衣着邋遢、精神颓废，哪个人更受尊重和欢迎呢？答案显而易见。因此，形体的自信会强化自己的气场，也能帮助自己建立良好的感觉，让自己更加自信。

不良的形体姿态会妨碍正常有效的人际交往，不利于自己的信心和表达。只有充满自信的形体和语言，才会引人注意，受人尊重，从而达到成功的人际互动。

一个人的良好的形体可以提升自己的自信，这是一种整体性的效应。一般包括行为举止、面部神情、站立的姿势、目光的运用等。

1. 言行规范，举止文雅。

2. 神情专注、面带微笑。相对而言，如果神情茫然、愁眉苦脸，只会让人不愿接触。

3. 挺胸直立。挺拔的身姿会显示出自信，也是对对方一种尊重。而靠着墙或桌子，颓然地面对别人，让对方觉得无精打采。

4. 谈话时注视对方的眼睛。在谈话中，不敢注视对方的人，甚至一眼都不敢看，表示你缺乏自信。

3. 积极参与，争取表现自己的机会

一个自信的人需要争取更多的表现机会，积极地展现自己。如果你工作出色，又想有所回报，就应该自信地表现出来。比如，主持会议或执行计划，主动为公司解决困难，或积极真诚地帮助同事，替他们出谋划策，解决一些难题。如果你能做好其中一件事，你会变得更加自信，更多的人了解你的价值，更加信任你。

但是，自信并不意味着不费吹灰之力就可以取得成功，它意味着要有足够的信心面对困难，要不断解决困难。从大处着眼、小处动手，脚踏实地、锲而不舍地奋斗拼搏，做好每一件小事，战胜每一次困难，在一次次的胜利与成功中，不断突破桎梏，在事业上创造出辉煌。

02 耐住寂寞， 厚积薄发

我们常说，厚积薄发，做任何事情只有先奠定坚固的基础，才有可能出现爆发性的结果。

某位成功人士的人生履历可谓光彩夺目。然而，他曾经是麦当劳的一名清洁工。

1976 年，他年仅十多岁便迫于生计前往麦当劳求职，当时的店长给了他一份打扫厕所的工作。然而，正是这份工作，他似抓住了救命稻草，工作一丝不苟，特别认真。每天早上在营业之前，把厕所彻底清扫一次，并且每隔一段时间去检查一次。

为了维护好餐厅的环境，他想了一个好办法，在厕所里摆放了几盆花草，并将一些谚语、警句贴在厕所的墙上，使得厕所与整个环境更加适宜，更有文化气息。

由于他的努力，厕所的卫生状况大为改观，受到顾客的一致好评。3 个月后，他被正式录用，得到了在其他岗位实习的机会。此后，他被派驻欧洲各国担任运营经理。他到哪里，哪里的营业额就非常高。此后，他先后担任过麦当劳在亚太、中东、欧洲和非洲总负责人，直至后来的 CEO。

后期的爆发正是前期工作的积累，起点低不要紧，只要工作态度正确，肯吃苦实干，积累经验，增长技能，一旦有机会获得提拔，必会大放异彩。正如，例子中的主人公之所以成功，在于他对工作的认真态度，踏实工作。即使是打扫厕所，也要成为做得最好的人。换句话说，如果你有勇气，又有责任心，你会在工作中找到成功的机会。

很多成功的人都是从基层一步步干出来的，甚至从事着不起眼的工作。然而，正是曾经受过挫折，曾经有过迷茫，才铸就了他们的辉煌。

那么，在简单的工作中如何体现自己的价值呢？

1. 努力工作，提升自己

某个高尔夫名将每天早上起床之后至少挥 1 000 次球杆；某个著名篮球运动员每天练习各种投篮动作超过 3 000 次。正是因为如此，在比赛的关键时刻才能运用自如，掌握比赛。无论做什么工作，努力地去应对，才是提升自己的关键。不努力，企图投机取巧、蒙混过关是无法取得任何成绩的。

2. 善于思考，注重方法

努力是走向成功的第一步，但是付出努力不一定能够提高工作业绩。有很多人尽管在工作中很努力，但最终的结果不如人意。可见，并非努力就一定会创造好业绩。对一位优秀员工来讲，只靠努力是不够的，还要善于思考，学会寻找适合自己的工作方法。

3. 不断学习，积累经验

在工作中，会遇到各种各样的问题，有些还是突发的，而人的能力和经验是有限的，只有不断学习，才能提高工作能力。如果员工在新工作中只是利用他们现有的工作经验，显然是不够的。所谓持续学习，是指不断总结工作中的经验教训，逐步适应新的工作环境和变化，不断寻找更好的工作方式，使绩效最大化。

03　积极主动，解决问题

我们都是成年人，需要依靠我们的双手，为自己谋生，才能不被社会淘汰。

职场新人要养成自律的品质，提升自己的工作效率，不能刚刚遇到一点挫折就放弃。你必须清楚地知道，使自己具备优秀职场人的必备素养，需要使自己成熟起来。你的工作状态，你的生活质量，其实都取决于自己。把你的生活想象成一本书，当你遇到困难时，就说结局是悲剧，还为时过早，结局可以由自己改写。

优秀的人是自律的。你可以用一段时间去尝试一种放松自律的生活，然后看看效果。可以断定，这只会让你的生活一团糟，就像蒲公英在风中飘荡。自律的生活就像放风筝。不管风筝飞得有多高，风筝线一直在你自己手中。

医药公司最近招了一批新客服岗位，小李应聘了这个岗位，每天的工作就是回答来电客户的问题，向其介绍公司产品的基本情况。

干了一个月之后，小李发现这份工作有章可循，只要照本宣科地把产品的基本情况复述给客户，然后把无法回答的问题转给对应部门就可以了。就这样干了两个月，部门经理找到小李，批评道："客户反映公司的接线员对业务知识不熟悉，工作态度不认真，听你说完了，完全没有购买公司产品的欲望。"

小李在脑海里仔细回顾了一下，觉得自己是完全按照公司的规定工作的："我严格按照公司的礼貌用语与客户谈话，我把产品介绍背得很熟，怎么还有客户说我业务不熟悉、工作不认真？"

部门经理说："你虽然使用了公司规定的礼貌用语，却从来没有主动争取过客户；你背熟了产品介绍，却从来无法解答客户的问题。"

挨了一顿批评，小李心里却很疑惑："我是客服，为什么要去争取客户？客户的问题太刁钻，难道不应该转给其他部门？"

仔细想一下你的工作，类似小李的情况有吗？相对于"做成了"，某些员工更喜欢强调"我做了"，而在"我做了"的这个过程中，自己的工作一直是按部就班，却没有一点亮点可言。自己经常挂在嘴边的话是：

"我按照岗位职责做了。"

"我按照公司规定做了。"

"我按照流程要求做了。"

这种按部就班的思维方式是员工最安全的工作思维方式，但也是最低效的工作思维方式。尽管领导对这样的偷懒行为无可奈何，但你也没有任何的进步。

只要你一步一步地完成这项工作，一定没有问题。如果有问题，你可以找到大量的规章制度来证明这些问题不属于你的工作范围。即使有错误，你也可以把这些错误归咎于规章制度。

有些人只是把工作作为谋生的手段，见到问题就唯恐避之不及。对于这些人来说，问题是一个无解的题目：工作是为了挣钱，还是为了解决问题？如果只是为了挣钱，你可以像小李那样上班，把问题抛给别人，时间长了可能会面临失业的风险。

某企业家说过："工作就是不断发现问题，分析问题，最终解决问题的一个过程。"如果工作是为了解决问题的话，那是否应该想想：如何才能积极主动地解决问题？

1. 确认工作的开始

在你的领导或其他同事与你共同完成一项任务时，无论是可以立即开始的任务，还是需要一定时间准备的任务，一定要向分配任务的人确认工作开始时间，因为该工作涉及多人，甚至多个部门的合作。如果你只是定期收到电子邮件，并按自己的节奏工作，其他人不知道你在做什么。因此，打开你在电子邮件中收到的任务，并向所有人回复你当前的安排和时间表。如果你需要一定的准备时间，还应该询问你的领导或其他同事准备时间是否合适。这是执行任务的正常流程，也是解决问题的第一步。

2. 如何处理意料之外的突发情况

小李之所以困惑，是因为操作人员在工作中遇到了一个意想不到的情况：客户问了他不熟悉的问题，他以前没有接触过，也不理解。

当这样的紧急情况发生时，如果你直接把它推给其他同事，那么下一次遇到时，仍然无法回答同样的问题。正确的方法是及时向上级汇报，并同步传给其他同事。那么，小李的领导将在随后的操作员培训时补充相关问题的答案，其他同事也将尽快处理类似问题，以减少客户投诉。

3. 执行力是解决问题的关键

除了紧急情况外，我们在日常工作中遇到的大多数问题都是日常问题。这些问题并不困难，但需要大量的精力和时间。

其实，造成项目或任务延误的原因大部分是人力和物力资源的脱节。因此，无论是项目负责人，还是普通参与者，都应该具有主动推进的主人翁意识，积极推进任务的各个环节，积极弥补"脱节"。

一个按部就班的人在面对任务时总是处于等待资源的状态。例如，小李在面对客户问题时总是等待其他同事帮助，甚至等待领导帮助解决问题。

一个主动工作的人总是在为自己争取资源，主要包括以下几个方面：

（1）项目正常进行时，时刻保持跟进状态，掌握最新的进度。

（2）项目遇到问题时，迅速找到影响进度的关键点，并组织人员进行问题排查和解决。

（3）项目资源出现短缺时，积极争取各种资源，通过人员调整、跨部门协作等方式解决资源短缺问题；在无法解决的情况下，迅速调整项目规划和时间安排，根据资源的变化进行灵活调整。

4. 主动发现和承担问题

通过以上三个步骤，胜任一份工作应该不是问题，但这足够了吗？事实并非如此。

项目的结束只是最后一个问题的解决，但项目的结束是否会带来新的问题呢？

以小李为例。经过一段时间的学习和总结，小李向领导提交了操作员问答手册的升级版，并得到了批准。

但新问答手册的质量如何？它节省了所有操作员的工作时间吗？是否提高了操作员的工作效率？

这是一个积极发现和承担的过程。小李可以通过拜访其他操作员、计算客户问题的成功率以及计算回答问题的单次时间长度，以验证该问题的解决效果。

从一步一步地完成任务到主动发现新问题，我们可以更快地解决问题，甚至在问题发生之前解决掉。

积极的人应该在任务开始时确认自己的工作内容和时间表，解释和确认可能推迟的任务，并积极争取各种资源来解决问题。

当紧急情况发生时，积极的人会通知相关人员，并根据实际情况调整任务或增加资源。

一个积极的人，在项目完成后，向领导报告情况，总结经验教训，并对下一步的工作目标提出自己的建议。这是解决问题的正确态度。

04　永不放弃，攻克难关

钉钉子的时候，遇到了不平整的表面，或是过于坚硬的东西，钉起来就会比较费劲。工作也是一样，难免会发现问题，但这些问题并不是无法解决的，只是需要多花费点时间，如果没尝试就放弃，结果只能是失败。

不难发现，凡是满怀希望去争取的人，往往会做得更好；放弃了希望的人，无可避免地走向失败。许多事情没有成功，不是因为构思不好，也不是因为没有努力，而是因为努力不够。

1929 年的一天，一位年轻人焦急地站在火车站等待火车。在此之前，他在温度高达 43℃ 的沙漠矿区工作了几个月，寻找油田，可惜长时间没有收获。年轻人是一位高才生，他甚至可以将旧式探矿机与其他仪器结合起来，打造更简单、更准确的石油探测器。在他饱受西部沙漠风沙之苦的时候，一个坏消息传来：他所在的公司破产了。

听到这个消息，年轻人心中的激动全部烟消云散，对他来说，没有什么比失业更令他沮丧了。他没心思继续探矿，立即去火车站排队买票，准备回程。可惜火车到站还要好几个小时，为了打发时间，他干脆在站台上架了一个自己发明的油位检测仪。然而，检测仪波动剧烈——站下似乎有石油，储量极其丰富！

这怎么可能？伤心欲绝的年轻人简直不敢相信自己的眼睛，更不敢相信这里有油，甚至怀疑自己的装备有问题。失业让他不安，自制探测仪这么久都没有给他带来任何惊喜，而此时却一阵波动，他怒不可遏，大声尖叫着踢了探测仪一脚。几个小时后，年轻人扔掉了损坏的仪器，登上了东行的火车。

不久，业界发布了震惊世界的消息：年轻人扔掉自制探测仪的火车站，其地下埋藏着石油矿床。

在消极沮丧的状况下，年轻人对自己产生了怀疑，对自制的仪器产生了怀疑，最终做出了一个错误的决定，与巨大的成功擦肩而过。这足以说明，当一个人认定自己的能力不如他人，无法获取其他人那样的成就时，他就很难克服前进路上的障碍，从而选择放弃努力和坚持。而放弃会让他与渴望的结果越来越远。其实，我们不止一次在重复着类似的失败。虽然自己思考过、努力过，可遇到了难解的问题时，尤其看不到结果时，选择了放弃。

如果能把眼光放长远一点，再坚持一下，也许就能达到预期的目标了。可惜，对于这一点，我们往往都是后知后觉。一位世界顶尖的推销培训大师，年轻时去推销房地产，结果一整年，一栋房子都没有卖出去。那时，他已经穷困潦倒了，身上所剩无几。在他萌生了放弃的念头时，公司安排了为期五天的销售课程，他参加了培训。没想到，那次培训竟改变了他的一生，从那以后，他连续八年成为房地产销售冠军。当有人问及他成功经验时，他只说了一句话："成功者决不放弃，放弃者决不成功。"工作遇到瓶颈，或是行动无法带来想要的结果时，自己需要休整，中断一段时间或是考虑采取其他行动，这都在情理之中，但休整不是放弃。在休整的过程中，我们需要做的是调整心态，改变策略，逐渐去发现解决问题的切入点。很多时候，你坚持下来了，而别人坚持不下来，这就是你脱颖而出的资本。

05　全力以赴，啃硬骨头

优秀员工必备的品德之一就是勇敢，无所畏惧地向困难宣战。

某企业的管理者对优秀员工的描述是："我们需要的人才不是那些有多么高尚的家庭或受过多么高的教育的人，而是那些拥有坚定意志、敢于挑战工作中'不可能'的人。"

一位经验丰富的管理者加入一家计算机公司之前，计算机公司陷入了前所未有的困境，亏损惨重，人心惶惶。经过讨论，董事会决定聘请外来人才解决公司的问题。在猎头公司的推荐下，他们最终锁定了这位管理者。他曾是一名顾问，曾担任一家大公司的总裁，目前在家待业。猎头公司高管和计算机公司高级董事分别与他进行了交谈，希望他能够成为计算机公司的 CEO。这位管理者当时不同意。首先，他以前从未接触过任何计算机或类似公司的运营和管理。其次，他从朋友那里了解到计算机公司的困境。朋友劝他不要因此而毁了自己的名声。经过深思熟虑，他拒绝了。后来，计算机公司创始人之一拜访了他，希望他能加入计算机公司，但他仍然感到不确定，仍礼貌地拒绝了。这时，这位管理者以为事情已经结束了，直到有一天，一位拜访者说了一句意味深长的话："这家计算机公司是国家的，它代表国家。公司需要你。希望你能重新考虑。"正是这句话唤醒了他的责任感。他不再关心个人的成败。回首过去，我们在工作中总会遇到"烫手山芋"，比如，艰巨的任务、恶劣的环境、摇摇欲坠的危机……如果我们做得好，每个人都会高兴；如果我们做得不好，会满盘皆输。在这种情况下，许多员工会选择明哲保身，不愿冒险。

换言之，无论遇到什么困难，都必须有人去做；无论有多大的麻烦，都必须有人去处理。如果你能站出来，在困难时期肩负起重大责任，无论你成功与否，这种精神会得到尊重。虽然承担重要任务的过程需要付出更多的努力，可能充满痛苦，但痛苦是促进人成熟的重要途径。

如果自己想突破目前的状况，不能画地为牢，更不能逃避挑战。对于害怕困难的人来说，困难无处不在。俗话说，如果你不前进，则会后退。如果你不敢面对问题，不敢接受挑战，则会被淘汰。

石强在一家服装厂负责 IT 工作。当刚进入这家服装厂时，他的职位是网络管理员。当时，服装厂准备转型，计划建立自己的网站，但要建立一个网站，必须解决很多技术问题。该项目的执行者必须了解计算机技术和销售。在哪里找到合适的人才？厂里"根本没有懂的人"。

因此，该项目被搁置。石强主修计算机。他主要负责计算机网络，对商业知之甚少。可听说经理正在四处苦寻项目执行人，他就自告奋勇地说："让我试试吧！"经理抱着试试看的心理同意了。石强上任后，咨询专业人士，自学商业知识，同时解决网络技术问题。该项目进展速度不快，但稳步推进。看到这一点，经理对他的信任也与日俱增，不断给他更多的支持。最后，他出色地完成了任务，获得了升职的机会。直到现在，他总是说"烫手山芋"造就了他。在关键时刻挺身而出并接受挑战，不能是一时冲动的行为，而是要有坚实的工作基础。

一些人认为，如果他们接受了任务，但没有完成，不仅没面子还会失去领导的信任。如果我们都互相推卸责任，公司的工作如何推进？一些员工缺乏应对困难的信心和勇气，不敢面对问题和挑战。这些员工习惯于遵守规则，满足于现状，害怕失败，没有承受失败的勇气。

正因为如此，这些具备技能的人才，多年没有大的作为，也没能得到重用，一直工作得很平庸。在关键时刻，领导需要的是有勇气的员工，毫无畏惧地接受挑战，积极应对问题，永不退缩。如果你不敢接受挑战，你很难挖掘潜力。当然，仅有接受挑战勇气是不够的。重要的是要克服一切困难，接受挑战后要坚定地干。

一个年轻人原本是一家公司的生产工人，后来自愿做销售。当时，该公司正在招聘营销人员。在与他详细讨论后，经理发现他有潜力从事营销工作，年轻人接受了做营销的工作。当时，公司规模不大，只有30多人。面对众多有待开发的市场，公司的人力和财力明显不足。经过讨论，公司决定每个地方只派一名销售人员，这个年轻人被派往西部的一个城市。

年轻人非常珍惜这份工作，不想轻易放弃。没有钱坐出租车，他坐公共汽车去拜访客户；如果不太远的话，他就步行去。有时，为了等待指定的客户，他甚至不吃饭。为了省钱，他租住了一个闲置的车库，因为只有一扇卷帘门，没有窗户，晚上一关灯，屋里一丝光线都没有。那个城市的气候不是很好，这似乎是另一个巨大的考验。有一次，他赶上了大暴雨，差点受伤。这种艰苦的条件超出了这个年轻人的想象。每次他有所动摇时，他都会对自己说："我不能放弃这份工作，我有责任！我不能辜负领导的信任！"

一年后，派往各地的推销员陆续回到公司，六七个人忍受不了工作的艰辛而离开了。这个年轻人的表现是营销团队中最好的，他自然获得了丰厚的回报。三年后，这个年轻人成了该公司的营销总监。此时，公司也发展成为一家拥有数百人的中型企业。

第八课

08

融洽同事关系，
让情绪更有能量

不满意不仅会伤害个人，还会伤害公司。员工缺乏活力对公司的直接影响是公司没有创新能力。

01 让自己更受欢迎

一位心理学家进行过这样的实验。他将 12 名学生分成两组，每组 6 人，让一组学生从事他们感兴趣的工作，另一组学生从事他们不感兴趣的工作。在很短的时间内，从事不感兴趣工作的学生开始出现小动作，后来抱怨头痛、背痛；而另一组的学生越干越起劲！这说明人们的疲惫往往不是工作本身造成的，而是人们的不良情绪造成的，它扼杀了人们对工作的兴趣和动力。

一般来说，处在高职位的人，往往上升空间小。这时，他们认为是自己缺乏继续上升的能力了，其实真正的原因是不能从工作中找到兴趣点。这种不快乐是制约自己再发展的一大屏障。

那么，在平凡的工作里，怎样才能让自己快乐呢？

1. 给身边的人欢乐

如果你是一个普通的员工，请学会用微笑来表达你的快乐，并将快乐传播给身边的每一个人。这样，领导会认为你热爱生活、热爱工作，积极向上，所以他愿意和你沟通，把重要的任务交给你；你身边的同事会觉得你平易近人、很好相处。此时，你的快乐已经感染了每个人，感染了整个团队。研究人员发现，快乐的人更有可能在事业上取得成功。领导这项研究的人说："造成这种现象的原因很可能是，快乐的人往往有积极的情绪，可以激励他们更积极地工作并接受新知识。当他们感到快乐时，他们会更加自信和乐观，感到精力充沛，这使他们更容易被发现。"精神状态好的人，可以将积极能量投入到工作中，释放更多潜能。

2. 学会让自己快乐

有人会说，谁不想让自己开心呢？一个人幸福与否的关键在于心态，但是无法说服自己，让自己幸福，总觉得有很多事情让自己不快乐，该怎么办呢？如果你想在工作中快乐，必须从实践开始，学会让自己快乐。

3. "假装快乐"可以调节情绪

悲伤的情绪会减缓人体的新陈代谢，因此人们在悲伤时往往对外界事物没有兴趣。"假装快乐"是一种快速调整情绪并获得快乐的方法。虽然它治标不治本，但确实有效。心理学家研究发现，身体和心理是一个互动的整体，某种情绪会触发相应的肢体语言。例如，当我们生气时，握紧拳头，呼吸急促；当我们高兴的时候，会抬起嘴角，放松面部肌肉。当你无法调整情绪时，可以调自己的肢体语言来驱动情绪。例如，当你强迫自己微笑时，会发现自己负面情绪得到改善。因此，"假装快乐"时你会慢慢变得真快乐。

4. 快乐可以通过行为获得

你能否真正从内心感到快乐，取决于自己对工作和生活的态度。

换句话说，如果你对工作缺乏积极的态度，即使是在一个快乐的群体中工作也无济于事。每个人的性格、脾气和承受挫折的能力是不同的。有些人有时容易想坏的方面。我们应该培养自己，学会热爱工作，努力融入工作环境，学会宽容，不要斤斤计较，尽量善待他人。

快乐的情绪会提高你的信心和韧性，而委屈和埋怨会让你失去宽容，你看待问题的角度会随着计较而产生偏见。如果你在工作中不快乐，你的工作会时不时受到情绪的影响。

其实，快乐不在于外在的条件，而在于内在的觉悟。一位诗人说："一切都是发自内心的，天堂和地狱只是一个念头。"很多人认为自己的工作就是付出。只有付出，当然不会快乐，他们认为，这只是一份工作而已，除了付出，不会有其他任何感觉。抱着这种想法的人，工作就不会带来更多的成就感，让他们通过工作来实现人生目标更是空谈。

我们学会了坦然接受困难和磨难，寻找自己的价值。在工作中，会出现负面的情绪，请不要把不满轻易归咎于公司。这种不满可能会影响到你的工作。工作要开心，首先不要让自己成为工作的奴隶，而要让自己成为工作的主人。

02   练就淡定，外界的压力压不垮

某位格斗大师这样教导他的学生："你们的身体要像杨柳那样柔顺，而不是跟橡树一样僵硬地直挺着。"为什么汽车轮胎在颠簸后还能在公路上正常使用那么久？开始的时候，人们想过要造一种能抗拒公路颠簸的轮胎，但是不久这种轮胎反而被颠簸成了碎块。后来，人们又造出一种新的轮胎，它能吸收各种各样的压力。人生从来都不是一帆风顺的，总要承受各种挫折和压力，我们要做的，就是努力让自己在人生的路程中不断调整好状态，并学会享受生命的旅程。

有这样一个故事：

有一名服役军人，加入军队不久，就被上级派到一个船上工作，工作内容是管理炸药！没参军之前，他是卖小饼干的店员，突然要接管炸药，紧张而恐惧。

他一想到自己整天都要在成千上万吨 TNT 旁边工作，就吓得魂

不守舍。他只有两天的学习时间，然后就带着满腔的恐惧上岗了。他这样描述第一次接受任务时的情形："我清楚地记得，那天又黑又冷，天空中弥漫着骇人的浓雾。我的工作岗位在一个露天码头，负责船上的第五号舱，与我一起工作的还有 5 个码头工人。在我们用铁链将炸弹吊到船上时，我一直忐忑不安。如果其中的一条铁链打滑，或者突然断了，那真是令人恐怖的事情。我真是吓坏了，嘴发干、腿发软，心脏似乎要从胸腔里蹦出来。但是，我不能退缩逃跑，逃跑不但会使我自己丧失荣誉，还可能因为逃跑而被上级枪毙。我只能留下来，战战兢兢地看着码头工人若无其事地将炸弹搬来搬去，却想着船可能就要炸了。我就这样无比恐慌地待了一个多小时，才开始恢复正常。"

最后，恐慌终于离他而去，他终于能正视现实了。这段经历成了他人生宝贵的财富。此后每当他要为一些无法避免的事情忧虑和恐慌时，他就会耸耸肩膀，然后对自己说"忘了吧"。真是棒极了。

主动和被动接受压力都面临压力，但性质不同。前者的压力更多来自他们对成功的渴望，而后者则是迫于环境而完成任务。

适当的压力可以让人们更积极地面对竞争和挑战，这对个人有帮助。有些压力是自己造成的，有些压力却是我们无法控制的。长期持续的过大压力会带来各种健康问题。

一个人要想缓解压力，必须结合自己的生活，找到原因，从根本上缓解压力。我们可以跑步，玩游戏，通过转移注意力暂时忘记压力。

03　保持恰当的距离感

与同事相处好关系，首先要与之建立一种恰当的关系，这样做既可以获得同事的尊重，同时也能保持一种合适的距离。那么，如何才能让彼此的距离处于恰到好处的位置呢？其实，这并不难做，关键是看你如何在交际中把握好说话、做事的分寸。

把握好距离，与同事恰当相处，应把握以下两个方面：

（1）一定要保持公私分明。在职场中，总有几个人跟你特别投机，甚至可能会成为好朋友。无论你的职位比他高还是低，不能因为关系好而偏袒。一个公私不分的人，成不了大事。

（2）说话或做事，应有分寸。在工作之余，有的人喜欢与同事开玩笑，活跃一下办公室气氛，但不能开过头，切忌伤及他人自尊或语带嘲讽。在做事时也要谨慎行事，避免引起他人的不满或误会。凡事都有一个"度"，如果你超过了这个"度"，会产生严重的后果。在职场中也是如此，如果你处理不好与同事之间的关系，有可能会受到伤害。

要想成为一名受欢迎的员工，你在和主管打交道的时候，也要如此。因此，需要谨记这一点，通常情况下，不要让正常同事之间的，包括与主管的关系过度私密。

因此，即使与主管关系非常好，也要懂得把握分寸，年轻人往往忽略了这一点，最后影响了自己的职业发展。

可见，年轻人如若想做一名优秀的员工，虽然有时你很受主管的赏识，但别忘了，你们在工作中是领导与被领导。

04　尊重竞争，妥善处理竞争关系

棋逢对手，将遇良才。没有竞争的人生是苍白的人生，你会因此而失去很多学习的机会。倘若你始终处在一个和平、稳定、缺乏效率的环境中，会因此失去动力。将来即使遇到小的挫折，也会手足无措，失去前进的信心和勇气。

一个有益的竞争给你带来的，不仅是竞争意识作用下的自我能力的提升和潜力的开发，更重要的是，还能够让你时刻保持清醒的头脑，并为此奋勇拼搏。

现实生活中，个别人不能客观看待竞争，其实，只要理性地思考一下，我们会发现拥有恰当、公平的竞争，会激发我们更加旺盛的斗志。

有一家工厂，员工工作热情不高，总是不能按照客户要求按时交货，而且产品质量不高。客户不满意，工厂的效益也越来越差，面临着倒闭的危险。该厂的副厂长意识到这些情况，并提醒厂长，尽最大努力鼓舞下属的士气，但还是没有起色。

有一天，厂长发现自己跟现场管理人员说的问题一直没有解决，于是决定亲自出马。一天，在下夜班时，他在工厂门口拦住了一名工人，问道："你一天能做多少次铸造？"工作人员回答："4 次。"厂长拿出笔，在布告栏上写下"4"。工厂实行昼夜两班制。早上，早班的工人来工厂上班。看到这个数字，他们不甘落后，完成了 6 次铸造过程，并在布告栏上写下了"6"。晚上，为了创造新纪录，夜班工作人员完成了 7 次铸造，并在布告栏上写下了"7"。一个月后，工厂奇迹般地成了当地业绩最好的工厂。

厂长只用了一支笔，就让工人士气大振，而士气的突然高涨，是因为有竞争的存在。通常对于在职场的我们来说，当突然有竞争出现时，士气就会迅速提升。由此可见，竞争的存在是激发人产生强大能量的关键之一。

工作中出现了竞争，甚至是激烈的竞争，给我们带来压力或让我们经历一些挫折，并不是一件坏事。

因此，你应当为拥有竞争者而庆幸，没有他们在身边鞭策，你的成功之路就不会那样光明。竞争像一把锋利的斧凿，不断地敲击着你，你会感觉疼痛，等你熬过了这一切，你会发现，自己已经从一块"顽石"变成了"宝玉"。

一名拳击手曾经说："感谢我的对手。假如没有昔日对手的打击，也就不会有今天的拳王。"的确，这是人生中不可或缺的一部分。有了这样的捶打和鞭策，你得到了历练，才能够从失败中吸取教训，不断学习，不断进步。

一位著名的外国军事家出生在一个没落的贵族家庭。他从上学时起，就被贵族学校的同学欺负。这些同学极力夸耀自己家庭的富有，讥讽他穷苦。

他为此极为苦恼。他后来回忆说："为了忍受这些富裕贵族的孩子的嘲笑，我实在疲于解释我的贫困。他们唯一高于我的地方便是金钱，至于高尚的思想，他们永远在我之下。难道我应该在这些富有、高傲的人面前继续谦卑下去吗？"

这个时期的每一次嘲笑和欺辱，都增强了他向上进取的决心，他发誓要证明自己比那些富有的贵族们生活得更有意义和价值。到了军队之后，他的战友们在空闲的时间里沉迷于金钱，而矮小的他则埋头读书。

这个时候的他已经坚信：不想当将军的士兵不是好士兵。他开始沉醉于书籍的海洋，为自己未来的理想做积极的准备。在一个矮小闷热的房间中，他孤独地履行着自己曾经的诺言，不停地读书。

他把战争的场地画出来，并清楚地标出哪些地方应当布置防范设施。他的努力终于得到了长官的肯定，渐渐踏上了他梦想的舞台，成了著名的军事家。

保持竞争之心可以让你在迷局之中找到自己的目标，从而使你走上成功之路。在人生的旅途中，任何人都需要激励。一个人要做好一件事，不仅要付出辛勤的汗水，还需要别人的指导、帮助，甚至鞭策。

"生于忧患，死于安乐。"没有竞争意识容易使人滋生惰性。正是这种惰性，会蚕食你的进取心。因此，我们需要有竞争来激励，我们就要奋斗，要学会创新。在这样的激励下，我们离成功会越来越近。

你应当学会感谢你的公平竞争者，因为是他们给了你重新认识自己的机会，并给了你努力提升自己的动力。

一个英国青年来到了瑞典，他身无分文，需要找一份工作。因为他曾经在一家公司做过文员，所以他希望能够寻求一份文员的工作。令他失望的是，所有的公司都拒绝了他。其中一家公司的负责人在给他回复的信上说："你对我的生意完全不了解。我根本不需要你这样的文员。你甚至连瑞典文都写不好，信里全都是错字。"青年看到这封信的时候，十分生气。但等他冷静下来之后，他开始思考："他的话并非完全没有道理。我根本没有学过瑞典语，因此我在文法上可能出现了错误。如果真是这样的话，我必须更加努力地学习。我不可以被这个家伙看扁。"

于是，他开始刻苦地学习瑞典语，为了练好口语，他经常和当地人进行交流，随之他的瑞典语水平有了很大的提高，并且成功地进入了一家公司做文员。生活稳定之后，这个青年并没有感到满足。他想："我的瑞典语水平的确提高了，但我还需要更努力地学习。"在这样的动力驱使下，他一直不断学习，后来，他不仅在瑞典语方面造诣颇深，更是学会了数种其他语言，并成了一个声名远扬的律师。

　　十年后，这位律师接手了一个案子，而案子的委托人竟然就是当初的那家公司的负责人！他因为债务的问题而被告上了法庭。这位律师凭借着自己在法庭上的雄辩，帮助那个人打赢了官司。走出法庭，那个人紧紧地握着他的手，向他表示感谢。他笑着说："应该说谢谢的是我。如果当初不是你批评我在瑞典语上的文法错误，也许我今天就不能说一口流利的瑞典语；如果不是你说我没有当文员的能力，我今天也不可能成为律师。是你磨炼了我的意志，让我变得更加坚强，更加具有斗志。"

　　"不经一番寒彻骨，哪得梅花扑鼻香。"当你受到挫折的时候，换个角度去思考，实际上是帮你找出自己不足，也是提升能力的途径。

09

积极主动充电，
全面提升能力

只有在工作中学习，在学习中进步，我们才能肩负起重任，而获得才能的最好途径就是刻苦学习、刻苦训练。在公司中，员工也是如此。只有在工作中不断充实和提高自己，才能更好地胜任工作，在竞争中不被淘汰。

01　主动学习，在工作中持续充电

现在，很多公司都为员工提供了继续教育和培训的机会，所以员工应该抓住这些难得的机会，努力成为公司的培训对象。因此，有必要了解公司的一些计划和培训对象的条件等。如果你觉得自己合适，要毫不犹豫地报名参加。

公司要求员工增强学习意愿，提高工作技能，避免落后。公司应督促并要求员工参加继续教育或资格培训课程。

如果公司不能满足员工的学习需求，员工可以自费接受有关培训。首先，应该选择与工作密切相关的培训内容，此外，你也可以考虑一些目前比较热门的、感兴趣的培训，多学习，增加在职场上的竞争力。

在现实生活中，不少人总是以"生活太忙，没有时间"为借口。事实上，无论你有多忙，只要有计划地安排好工作和生活，会腾出很多时间。

在公司里，员工抱怨工资低，却不知道自己身处一个可以学习的地方。如果你只是盲目地抱怨，永远不会进步。只有心平气和地学习，在工作中不断提高自己，你才能实现自己的目标。

随着知识和技能的更新越来越快，公司的员工也会产生差异。那些善于学习的人会做得越来越好，而那些懒散和糊里糊涂的人适应性较差，最终会被淘汰。

现在的职业更新越来越快，唯有在工作中学习，才能不断提高自己的职业水平和技能，才能立于不败之地。

社会上许多知名的企业家、一些优秀的职场人士，他们也许没有上过大学，却作出了非凡的贡献，甚至取得了超出常人的成就。原因就在于他们在工作中不断发现问题、解决问题，进而取得进步。对他们来说，工作岗位就是大学，岗位正是他们不断获得进步和提高的支点。对于刚毕业的学生来说，岗位是另一所大学。因为参加了工作，一切从零开始。每一个岗位都是一个学习的良好机会。一家著名电脑公司创始人曾经说过："无论我在企业处于什么位置，无论我自己身处何处，我都对自己说：'你永远是一个学生。'"

工人发明家孔利明，是一个立足本职工作、把岗位当作大学的员工。他凭借不断学习和钻研的精神，为公司解决了各类设备的疑难杂症，被评为"全国劳动模范"。

现代科技发达，工作设备比较先进，而孔利明不会用电脑。他先是拜儿子为师，从简单的打字开始学。为了掌握电脑软硬件的调优、调试和维修，他干脆买了一台电脑，开始"研究"，拆了装、装了拆，直到弄明白。

在孔利明的车间里，并排放着 24 个文件柜，里面分门别类地装满了各种电气、机械的书籍、文件；他还把客厅作为实验室，在自己的家里进行技术创新实验。孔利明利用业余时间完成了电气自动化的大专学业，又继续攻读了本科；他还常常去公司的教育培训中心取经……

孔利明虽然没能进入高等学府，实现继续深造的机会，但是他立足本职，同样走出了一条成功之路。

其实，在工作中，学习是很好的提升自己的方法。在实践中，带着问题学习，不仅能够解决问题，还能够弄清问题背后的原因。久而久之，能力会得到很大的提升。公司是员工实现自己人生目标的舞台，要立足岗位，不断在岗位上学习，努力地提升自己能力，让自己在工作岗位上发挥所学。

02　善于总结，经验是最好的导师

《荀子·儒效篇》讲道：

"不闻不若闻之，闻之不若见之，见之不若知之，知之不若行之。学至于行之而止矣。行之，明也。明之为圣人。圣人也者，本仁义，当是非，齐言行，不失豪厘，无它道焉，已乎行之矣。故闻之而不见，虽博必谬；见之而不知，虽识必妄；知之而不行，虽敦必困。不闻不见，则虽当，非仁也。其道百举而百陷也。"

这一段话，给了我们启示：如果你没有经历，几乎就没办法学习；所以，想要学习，就要多去创造经历；但是，只有经历是不够的，还必须对你的经历进行积极思考，产生见解；在此基础上，能够透彻地领悟一般性的规律或原理；做到了这一步时，还得将领悟到的知识付诸行动。只有在行动中逐步总结，才能更好地进行学习。当你学以致用、不断改进自己的行动，就能达到"通透"的状态，是非判断、言行举止，完全恰如其分。要达到这一境界，没有其他方法，只有通过知行合一。

如果只是经历，而不去思考，则不会产生见解，即使阅历广博，很多想法也是荒谬的；如果对具体的经历有了思考和见解，但没有遵循一般性规律或知识，即使有见识了，也还是虚妄的；如果学到了知识，却不去实践，即使你的知识很丰富，也还是困顿的。当然，如果既没有经历，又不去思考，即使你做对了也有缺陷，以后再去行动，仍然是迷茫的。

荀子这一段话真是讲得淋漓尽致，对人们如何从经验中学习的阐述非常深刻、恰到好处。在荀子看来，为了让学习发生，需要经历四个步骤：闻、见、知、行。

1. "闻"指具体经历

人们要想学习和成长，必须有广泛而丰富的经验。因此，我们应该努力寻找更多丰富自身经历的机会，必须在经历的基础上，及时回顾和整理过去的经验，使之成为有意义学习的"原材料"。如果没有经验，每天都是一样，简单而机械地重复过去，等于没有学习。

2. "见"指深入反思

人不仅需要对过去进行回顾和梳理，还要进行深入分析，努力寻找成功或失败的根源，并产生一些"见解"。如果你只是简单地回顾自己的工作，而不进行总结，你只会重复它，很难学到有价值的东西。

3. "知"指提炼规律

人不仅要基于自身经验行动，而且是"举一反三"，深入探索和理解事物背后的规律，并考虑所有可能的变化和未来的适用性（可扩展性），从而提取出适合在其他情况下完成任务的更好方法。与个人过去的认知状态相比，这是一个创新。

4."行"指转化应用

学习是知与行的统一。只有把"知"运用到实践中，引导自己的行动，提高行动的效率，才能真正学会。因此，根据经验，结合下一步的任务，自己应该有效地应用所学到的知识，提高行动的有效性。你只有通过实践的检验，才能证明自己学到了并且能够使用它。这是你明智地应对各种挑战的能力。

从思维的脉络看，以上四步是由表及里、由此及彼的过程。

第一阶段的主要作用是回顾和梳理自己的经历，包括回顾自己的目标，以及实际的过程和结果。这指的是此时此刻（刚刚结束或过去）中的一个事件，并且是具体而生动的。

第二阶段的主要活动是比较、分析和反思。根据过程和实际结果，比较目标和计划，找出自己在过程中的利弊得失，分析根源，把握关键，不仅要看表象，更要把握本质。

第三阶段是举一反三，总结和提炼的阶段。看看将来在这样的事件或相关情况下如何行动，即获得一般原则的经验或教训。

第四阶段的核心是将获得的一般原则（经验）应用于未来的实际情况（任务、问题或挑战），针对的是未来的行动。

从第一个阶段到第二个阶段，有一个"由表及里"的过程，需要"知其然，知其所以然"；从第二个阶段到第三个阶段是"由此

及彼"的过程，要灵活创新，注重概括和细化；第三个阶段到第四
阶段是从理论到实践，这一过程需要"去粗取精"、"去伪存真"和
"学以致用"。

03 把握机会，争取培训名额

众所周知，社会是另一所"大学"。在社会上学到的东西，对你的生活和工作有益。对于新员工来说，工作学习和大学学习是不一样的。在这个阶段，不要因为学习而耽误工作，因为领导最关注的是你工作的完成情况。所以，对于职场人来说，并不是所有的努力都会得到回报，也不是所有的坚持都会被看到，而是要快速学习和积累，让自己变得更强大。一位管理者曾说过："工作的本质是专注于学习，而不是收入。职场就像冲浪——只要找到合适的海滩，迟早你会赶上一大波浪潮。"

那么在企业中，除了学习本专业的技能，我们还要注意学习哪些技能和把握哪些学习的机会呢？

1. 办公技能，高效出成绩

大型互联网公司的员工之所以高效，主要是他们知道如何使用工具，而大部分重复性工作都是通过工具完成的。当今职场中，很多新员工不会使用办公软件，例如，不会在 Excel 编写复杂的公式。新员工在第一年一直在做重复性的工作，要干活、有效率、出成绩，会使用办公软件是基础。如果不能熟练使用这些软件，将严重影响工作效率，即使你每天加班，也是事倍功半。因此，新员工入职后，先看看同事用得最多的办公软件（Excel 函数分析、图表、PowerPoint、Project 计划表、SAP 系统等），可以买一些专业技能书籍，进行学习。

2. 文笔，做任何事情的基础

一位职场规划专家曾说过："如果你让我说出一项无论我做什么工作都必须具备的技能，我会毫不犹豫地指出，那就是写作技能。"不管是哪个机构，做好是基础，但写得好也是必不可少的。从日常的电子邮件、公文到各种总结，任何公司的每个下属要向直属领导汇报。

如果你的材料写得一般，不能清楚表达自己的意思，有可能把好事办坏。如果你的文笔能力达到一定程度，结合自身的工作实践，甚至还可以通过写书的方式为自己的职业加分。同所有的能力一样，每个人的写作水平也不会一蹴而就，而是需要刻苦练习。

工作后除了多读专业图书、行业报告外，平时看到精彩的句子、好的管理或技术案例等，尽量记下来，可以说，任何想要提高自己写作能力的人都有一个摘抄本。通过多读书，提升自己的知识储备，这是提升写作水平的基础。

3. 职业素养，个人品牌的保障

招聘时经常可以看到，有的求职者写不好自己的简历，无法用准

确的语言对自己的能力进行描述。工作后，也有新员工会忽视一些职
业细节，见到陌生人，说话就紧张，接电话时喜欢大声说，坐姿不雅
观等。这些问题的根源不是缺乏经验，而是缺乏训练。职业素养除了
一些基本的礼仪、技巧外，核心就是"换位思考"能力。如果做每一
件事情，你都习惯从对方角度思考，基本不会犯大的错误。比如，领
导让新员工小王和小李同时收集某一方面的资料，小王从网上复制一
堆资料，把几万字发到领导邮箱，领导看后感到头大。而小李能"换
位思考"，不仅收集了大量的资料，而且在此基础上整理出一份报告，
有概论、有目录，还有拓展分析，让领导短时间内掌握关键信息。你
说小王和小李相比，谁更职业化？职场上有这么一句话："你只有非
常努力学习，才能看起来毫不费力地工作。"毫不费力工作的基础，
是具备娴熟的业务技能。要抓住一切可以学习的机会，把自己的业务
能力提升上去，这样才可以在激烈竞争中脱颖而出。

04 技能交换，多与同行展开合作

在日趋激烈的商业竞争中，只有与业内人士合作，才有可能变得强大，从而保持自身的竞争优势。

公司内的各个部门可以相互合作，其实同行也可以合作，对于一个公司可能完成不了的项目，同行之间可以协作，优势互补，共同做大做强。在国际照明展上，某公司向来自不同国家和地区的客商、专家学者及多家照明公司的代表频伸"橄榄枝"，希望彼此携手共赢，建立全方位战略合作伙伴关系。

对于小公司来说，借助他人的力量是很重要的，与同行合作共同发展，要注意以下问题：

（1）相互之间有足够的了解与信任。没有信任做基础，切不可贸然合作。诚意也是必不可少的，如果太过贪婪，双方可能很快分道扬镳。

（2）团队成员如同一条船上的人，一定要确定每个人和自己方向一致。

（3）同行未必是对手。仅靠自己的实力将可能的市场做完善是困难的，在很多情况下需要找代理、同行来帮助自己，建立多种渠道来拓展自己的客户资源。

（4）品牌共享，合作共赢。一旦双方以全方位合作模式结为战略合作伙伴，与之分享合作成果。

同行合作，建立共同的责任感和目标，公司才能走得更长远。用这样的心态来看待合作，是一个企业家应该有的心态。

第十课

10

做好职业规划，
强化自我管理

一位思想家说："人生最重要的是有伟大的目标，与达到伟大目标的决心。只要不失目标地继续努力，终将有成。"

01 确定目标， 做好职业规划 "重头戏"

某大学对当年的毕业生进行了一次人生目标的调查。受试者是一群智力、学历、环境等条件相似的年轻人，调查结果显示，只有少数人有明确的长期目标。25 年后，该大学再次对这批学生进行了跟踪调查。结果显示，那些有明确长期目标的人，在过去 25 年中几乎没有改变他们的生活目标。他们都朝着自己的目标方向不断地努力。25 年后，他们几乎都成为社会各个领域的成功人士，包括白手起家的企业家、行业领袖和职场骨干。

有些人认为，职业规划是没必要的，而且计划赶不上变化。这里谈的是"职业规划"，而不是"职业计划"。因为它是规划，所以它是定向的；计划是指具体实施的方式方法。一个大规划通常包括多个小计划。一旦确定了发展方向，它就不会改变。然而，在具体实施过程中，计划往往会根据实际情况进行调整。

例如，如果我想从北京出发到深圳，需要一直向南走，这是规划；无论是乘坐飞机、高铁，还是汽车，都可行，这是我的计划。如果我选择乘飞机往深圳，但飞机在临飞前由于天气原因无法正常起飞，我就换高铁。虽然计划改变了，交通工具也改变了，但去深圳的目标没有改变。没有好的规划，很难有美好的未来。

《中庸》有句话："凡事预则立，不预则废。"这时刻在提醒我们，美好的未来是需要规划的，成功离不开规划。

今天的起点并没有想象的那么重要，重要的是下一步迈向哪里。只顾着低头赶路，当然不行，还需要抬头看路。无论是职场新员工还是职场老员工，都需要在认识自我、了解自己的基础上明确自己的职业目标，并制订相应的计划来实现自己的职业目标，以避免选择盲目，这才能真正把握机遇，避免走弯路，在日益激烈的职场竞争中脱颖而出，顺利实现职业梦想。

其实，职业规划的重要性主要体现在以下七个方面：

1. 做好职业规划是"自我实现"的需要

"自我实现"来源于社会心理学家的需求层次理论。这个理论将人的需求从低级到高级分为了五个层次：第一，生理的需求；第二，安全的需求；第三，情感和归属的需求；第四，尊重的需求；第五，自我实现需求。当较低层次的需求得到满足时，人们自然会寻求更高层次的需求。例如，当生理需求得到满足时，人们就会寻求安全需求。但是，所有人的需要都必须通过职业活动来实现，而职业规划可以用来实现职业在生活中的真正价值——自我实现。

我的一个学员叫大伟，他现在是企业的专职法律顾问。我见证了他从一名普通的大学生蜕变成企业专职法律顾问的整个过程。他来自一个边远山区，小时候家里较困难。18 岁那年他以全县第一名的成绩考上了北京某高校的英语系。我们当时所商定的第一个职业目标是大学毕业后留校工作。为了实现自己的职业目标，他刻苦学习，积极参加各种社团活动，和同学、老师维系着良好的关系，毕业的时候终于以优异的成绩留校任教，实现了自己的第一个职业目标。

接着，他开始奔向第二个职业目标：考法律硕士。经过不懈努力，他考取了某大学的法律硕士，硕士毕业后继续回校任教。一个偶然的机会，他在暑假期间接受一个朋友的委托，以翻译的身份陪同一个公司老总去国外洽谈几个收购事项。由于他既懂英文，又懂法律，谈判进行得很顺利，为公司规避了很多法律上的风险，获得了老总的认可。通过这件事，他发现自己具有处理涉外法律事务的能力。

因此，他的第三个职业目标就锁定了：做职业律师，从事涉外法律工作。又经过两年准备，他顺利通过了司法考试，进入了一家知名的律师事务所，成了一名职业律师。他做了五年职业律师后，离开律师事务所，跳槽到了一家著名企业，做专职的法律顾问，实现了自己第四个职业目标。

目前，他和家人一起在上海，过着幸福的生活，他不到 40 岁就进入了"自我实现"的阶段。大伟在职场上取得的每一次成功，包括从留校任教、考取法律硕士、通过司法考试、成为职业律师、到企业专职的法律顾问，其实就是系统规划、精心设计、分步实施的结果。

2. 做好职业规划可以降低求职成本，加快求职进度

当你有了职业规划和明确的职业目标后，不再需要海投简历，而只关注目标行业和目标公司，大大降低求职成本。有了明确的职业目标，你就可以针对目标职位优化你的简历，突出你的独特优势，让目标公司相信你是公司最合适的人选，最终拿到理想的职位。

3. 职业规划可以提升个人职场竞争力

一旦有了明确的职业规划，你就会清楚地知道，自己需要掌握哪些知识、需要提升哪些技能、需要积累哪些经验、需要向优秀的人学习哪些方面等。个人的职场竞争力逐步强大起来，更多的工作机会也会随之而来。即使最后没有得到理想结果，没有实现预期的职业目标，但在这个过程中积累的经验也会有助于自己更好地成长。那些没有职业规划和明确职业定位的人，只能走一步看一步。这些人由于没有持续知识、技能、经验的积累，很难跟上行业和公司发展的步伐，最终会被淘汰。

4. 职业规划可以增强工作稳定性，提高工作满意度

职场上没有职业规划的人，缺乏工作的动力，抱着"当一天和尚撞一天钟"的想法，往往会因各种原因跳槽。比如，不认同自己的工作、不满意自己的薪酬、与同事发生冲突等，这其实对个人长期的职业发展是非常不利的。如果一个人有明确的职业规划，其在当前公司的工作目的就非常明确，无论是提高技能、积累经验还是扩大人际关系，都会更好地认同公司，工作的积极性和主动性得到增强，工作满意度也显著提高。

5. 职业规划可以让人获得更多的回报

有明确职业目标和规划的人，对当下的工作会更加地投入，业绩自然会逐步提高，有更多机会为公司创造更大的价值，个人自然会得到更多的回报。

6. 职业规划可以让人降低试错成本

工作中有不少人随心所欲，拿大量的时间来试错，觉得只有尽可能多尝试，才能知道自己的目标是什么。如果长此以往，试错成本实在太高了，风险也太大了，而且他们还需要有一颗足够强大的内心——因为可能会面临"遇不见好工作"的风险。据统计，普通人一生能体验的职业为8个左右，也就是说，在众多的职业里遇见最适合自己的工作是个概率事件，最终可能没有从事适合自己的工作。更可悲的是，遇见了好工作，却不能胜任，无力实现自己的梦想，但又不愿意再过平淡的生活，最后只能做"看客"了。

7. 职业规划可以让人以不变应万变

有明确职业规划、清楚自己发展方向的人，会按照自己的职业发展路线图集中精力，循序渐进地实现一个又一个阶段性职业目标，不会受到外界环境变化的影响和干扰，可以达到"任凭风浪起，稳坐钓鱼船"的境界。

02　科学规划，对目标做到心中有数

一位著名作家曾经说过："人活着要有生活的目标、一辈子的目标、一段时间的目标、一个阶段的目标；一年的目标、一个月的目标、一个星期的目标、一天的目标、一个小时的目标、一分钟的目标。"这段话告诉我们，一个人心中时刻怀有目标，才是一个聪明的人、有志气的人、活得有意义的人。

目标决定人生的未来，关乎事业的成败。当我们已经厘清自己的愿景和人生目标后，需要把具体可行的目标变为现实。

在人生目标中，自我形象、职业工作、人际关系、有形财产、个人休闲、个人健康、家庭生活，每一项都与职业紧密关联，特别是自我形象、职业工作、人际关系、有形财产等，主要都是通过职业来实现的。这些内容可以按时间长短，分为人生目标、长期目标、中期目标和短期目标。人生的愿景和目标是多元的，但人生目标的实现主要还是和职业生涯目标的实现密不可分。那么，职业目标该如何表达

呢？它应该包括哪些内容呢？

如果你问一些人的职业目标是什么，他们会告诉你，在一段时间内获得多少收入、取得多高职位。实际上，职业目标的内容远不止于此。在此，介绍职业规划中非常重要的一组概念——外生涯和内生涯。

外生涯是指职位、薪酬待遇、工作内容、工作时间、工作场所、工作环境等参与工作及其变化过程的综合因素。内生涯是知识、技能、经验、观念、内心感受、心理素质和工作成果等因素在实践中的综合作用及其变化的过程。

通过对这组概念的定义，可以看到，外生涯通常是被他人预先确定和认可的，也很容易被他人否定。例如，如果一名销售代表在应聘一家企业时，这个企业提供的薪酬不是其所能决定的，即使这位销售代表在进入企业之初的薪酬很高，如果不能给企业带来业绩，那么也随时会有被降薪或辞退的风险。

内生涯因素则会稳定许多，获得主要是靠自己的不断探索。它不随外生涯的获得而自动具备，也不会由于外生涯的失去而自动丧失。例如，小张在一家企业里被提拔为人事经理，他获得的只是外生涯的一个职务，至于他是否有能力做好这个经理则取决于个人努力。该职位应该具备的知识储备、经验能力、心理素质等并不是他在被任命的那天就自动具备了，这些需要在工作实践中探索、思考，逐渐获得。一旦获得，即使出于某种原因，小张不再担任该职务了，他的知识、观念、经验、能力和心理素质依然为他所拥有。由于内生涯已经达到了人事经理的职位要求，即便再换一家公司，也可以很快适应新公司要求。在职业规划与生涯发展中，内生涯和外生涯是两类不同性质的内容，并且都很重要。因此，我们在设定职业目标时，需要同时考虑这两个方面。

为什么一些人说自己有目标，但目标总是遥不可及。原因主要有两个：第一，目标没有被足够详细地定义，模糊的目标本身就有很多不确定性；第二，始终只是目标，而没有相应的行动。

众所周知，从整体发展战略角度来说，目标可分为人生目标、长期目标、中期目标和短期目标。从执行角度来看，目标可分为年度目标、季度目标、月度目标、周目标和日目标。而人生目标是你对自己一生的整体预期，就是对未来的愿景的具体表达，是概括的、总体的、最大的目标。人生目标通常都是比较大的，值得你终生追求的东西，它不一定非常清晰，它是要靠短期目标、中长期目标的层层推进才能达成的；而越是短期的目标就越要具体，并且可以执行。要想实现你的目标，让梦想真正照进现实，需要对目标进行有效的管理，让它落地。通过设定有效的目标，依据目标展开行动，从而检视目标的达成度。

那么，有效的目标是什么呢？该如何设定呢？最有效的方法就是借助 SMART 原则设定好目标，该原则是在目标设定中，被普遍运用的法则。S（Specific）——具体的，设立目标要明确，不能笼统；M（Measurable）——可衡量的，目标可以用数据或效果衡量；A（Attainable）——可实现的，目标在付出努力的情况下可以实现，避免设立过高或过低的目标；R（Relevant）——与其他目标有相关性；T（Timebound）——有明确的截止期限。

SMART 原则一：S（Specific）——具体的，用具体的语言清楚地说明要达成的行为标准。

明确的目标几乎是所有成功人士和成功团队的一致特点。很多人不成功的重要原因之一就是目标定得模棱两可，或没有将目标有效地传达给相关人员。

举例：

◎无效的表达：我想成为一个对社会有价值的人。

◎具体的表达：我要成为一个受人尊敬的对外汉语教师，为传播中华文化作出贡献。

◎点评：正如关于人生目标的调查所显示的，模糊的目标产生不了什么价值，目标需要尽可能具体化。成为一个对社会有价值的人的途径太多了，多得数不胜数，其实这最多也就是表达了你想做些事的愿望。而做个"对外汉语教师"就比较具体，这是特定的职业，看得见、摸得着，是个清晰的努力方向。

SMART 原则二：M（Measurable）——可衡量的目标是指目标应该是明确的，而不是模糊的。

应该有一组明确的数据，作为衡量是否达成目标的依据。如果设定的目标没有办法衡量，就无法判断这个目标是否能实现。目标的衡量标准遵循"能量化的量化，不能量化的质化"。在评估目标时有一个统一的、标准的、清晰的度量标尺，杜绝在目标设置中使用概念模糊、无法衡量的描述。

目标的可衡量性应该通过以下五个方面展现：数量、质量、成本、时间和客户的满意度。其次，如果还是不能衡量，可以考虑细化目标，细化子目标，再对照上述五个方面进行衡量。如果还是无法衡量，也可以将达成目标的工作进行流程化，通过流程化使目标可衡量。

举例：

◎模糊的表达：我要多花些时间陪陪父母，多和孩子沟通。

◎可衡量的表达：我每月至少看望父母 3 次，每星期与孩子沟通的时间不少于 5 小时。

◎模糊的表达：我希望这几年收入有所提高，能晋升到满意的职级。

◎可衡量的表达：5 年内，我的年收入要达到 15 万元；我在公司要当上人力资源主管。

◎点评：3 次，5 小时，5 年，15 万元都是量化的可直接衡量的指标，人力资源主管是质化的指标，而有所提高就很难说了。

SMART 原则三：A（Attainable）——可实现的目标是可以通过努力实现的。

职业目标的设定不只是你自己的事，它同时还依托于具体的职业平台——公司对你是否可以达成目标会有影响，因此要坚持与公司协商来确定，既确保对公司的整体目标有利，又能实现你的个人目标。要制定出跳起来"摘桃"的目标，不能制定出跳起来"摘星星"的目标。

一个刚刚工作的大学生设定的目标：

◎不切实际的表达：我要在 2 年内成为分公司的总经理。

◎可实现的表达：我要在 2 年内成为公司的销售经理。

◎点评：成为一个公司的总经理远非想象的那么简单，不仅管理能力要好，还得懂业务。对于一个职场新人来说，特别是刚毕业的大学生，要想短期内达到这样的标准是很难的，甚至是不现实的。

SMART 原则四：R（Relevant）——目标的相关性是指实现此目标与其他目标的关联情况。

如果实现了这个目标，但与其他的目标完全不相关，或者相关度很低，那么这个目标即使达到了，意义也不是很大。因为职业目标的设定，是和人生目标相关联的，要有利于职业生涯的整体提升，不能偏离。那么，如何平衡这种关联性呢？可从下面几个方面考虑：

◎个人目标与所在公司、部门目标相联结。

◎个人目标与家庭目标、期望相联结。

◎长、中、短期目标相联结。

◎个人发展、事业、兴趣爱好、和谐关系四大目标系统平衡关联。

◎目标之间彼此不冲突。

SMART 原则五：T（Time-bound）——目标的时限性是指实现目标是有时间限制的。

例如，我计划在 2022 年 10 月 31 日之前完成某事。2022 年 10 月 31 日就是一个确定的时间限制。没有明确的时间限定可能会造成无限拖延，在工作上可能会造成无法评估的损失。在公司，上下级之间对目标轻重缓急的认识程度不同。领导着急，但员工不知道，最终领导可能暴跳如雷，而员工觉得委屈。

无论是制定个人的职业目标或绩效目标，还是团队的工作目标，都必须符合上述原则，而且五个原则缺一不可。另外，在设定目标时还需要回答"达不成应怎么办"这个问题。简而言之，如果达不成，应该有一定的惩罚机制，否则目标是否实现就无所谓了。

03　制订计划，合理安排工作

在职场上，一些人抱怨工作压力大、效率低、业绩不好做，这些抱怨的人往往没有养成良好的工作习惯。有的人该工作的时候不工作，或浏览网上的娱乐新闻，或和网友聊天。养成了这样的工作习惯，工作会进展得缓慢，工作效率会降低，所有的问题随之而来，自己的心情也会受到严重的影响。

1. 养成良好的工作习惯

只有养成良好的工作习惯，你才会每天工作得十分轻松，并且工作起来会感到心情愉快。那么，如何培养自己良好的工作习惯呢？从下面几个方面做起：

（1）上班时，尽量不要做跟工作无关的事情，跟工作无关的事包括：浏览各种网站、在微信或其他社交软件上闲聊天、逛淘宝……不做与工作无关的事情，可以使我们保持精力，把注意力专注在工作上。

（2）上班时要有紧迫感

当天计划的工作当天完成，而且要明确安排自己的计划，不能过得没有目标。不少人行动迟缓，没有积极性，工作时总是拖拖拉拉。有的工作需要同事互相协作完成的，一个人迟到会影响其他人的工作，损害大家的利益。因此，你因各种原因无法完成自己的任务时，应该立即通知你的领导，并与他讨论解决问题的方法。无论如何，都不应该搁置，等待领导来问。

（3）学会做工作计划，工作计划是对工作任务过程的分解，反映的是一个人开展工作的有序程度。对于自己来说，不管是学习，还是工作，都应该学会做计划，长远计划与短期计划、月计划与周计划、周计划与日计划等，然后按步骤有序进行，对项目目标的达成起着重要的作用。一位著名的剧作家，他善于给自己拟订工作计划，每天必须写至少五页文字，他不断坚持，最后成为享誉世界的大文豪。

（4）有计划地执行工作，不少人之所以效率低，工作业绩不好，不是他们不会制订工作计划，而是他们的执行力差。有的人计划很多，但是从未真正去执行。计划毕竟只是书面上的表述或是我们心中的想象，计划的实现需要我们去努力执行。

2. 制订计划在实践中的难点与重点

（1）制订切实可行的具体计划涉及合作工作

在分配任务时，应明确指出最后期限。许多岗位在日常工作中都要营造方便上下级沟通的氛围，以便在制订计划出现问题时及时沟通。最后，要审核精心制订的计划。审核计划内容，要明确目的、人员、截止日期、内容、对象、具体方法、风险应对策略。

接下来，需要仔细确认目标最终的实现情况（定义实现后的状态）。然后根据计划进行。如果计划没有经过审核或者审核不过关，以后会出现一系列问题。如果没有预期的结果，则需要进行原因分析。

在任何情况下，作为规划者和审查者，都应该承担自己的责任。我们应该预想在实施阶段遇到的每一个困难，并考虑其解决对策。如果面临的困难十分棘手，领导需要参与计划制订，并与员工一起思考。

（2）制订动员性高的计划

人被激励而产生积极性的原因，大致可分为下列三种：

◎理性判断：从逻辑上讲，它对自己有利。

◎情感和价值观：理性下制订的计划占了一部分，有时也会是由爱、意志和恐惧驱动的。

◎生物本能：受深层心理影响的无意识反应。

无论是动员他人，还是激励自己，通常都是因为没有提前做好准备，因此对方才不会被说服。因为这种做法完全忽视了另一方的感受。当从另一方的立场激励时，需要认真采取以下步骤：

◎选择正确的特定对象。

◎相互了解。

◎可以适当地使用有效的手段。

首先，选择适当的特定对象。例如，有一定权威的人，或者没有权威但有影响力的人。如果你可以通过使用一些反对的手段来实现目标，需要专注于了解他们的个性、价值观，甚至与他们关系密切的人

（受影响的人）等。在此基础上，收集信息，思考你的工作将对此人的工作目标产生的影响，以及需要在计划中添加的内容。

其次，利用你的优势来解决彼此的关切或需求。例如，如果另一方无法获得最新技术相关的信息，你可以将其他公司的专家介绍给他。只有通过健全的战略和强有力的实践，我们才能取得最终的成果。只有通过有效的实践，不断纠正方向，才能走到最后。

最后，在制订具体计划时，应避免总任命或总承包模式。计划应具有期限和实现的可能性，并与同事共同制订。此外，还要克服一些消极情绪，例如，对能力的不信任、在繁忙的工作中易怒等，我们应该努力克服这些消极情绪。

04　井然有序，分清工作的轻重缓急

有些人习惯在开始工作前把计划设计得很完美，虽然准备工作做得很充分，但迟迟没有迈出行动的步伐。还有一些人在工作时忙得焦头烂额，但是收效甚微。

这是为什么呢？在采取行动之前做好计划并且进行一些准备工作是必要的，但没有勇气采取行动，或遇困难就放弃了是失败的主要原因。因此，工作不仅需要计划和准备，而且也需要行动的勇气和解决困难的能力！

做任何事情都要讲究方法，方法正确就会事半功倍，而方法不对，则会事倍功半。抓重点、抓关键就是工作的重要方法之一。

人的智慧和精力总是有限的，将有限的力量用在最关键的地方，才能获得最好的效果。

我们只有发现重点，找到突破口，才能有效地解决问题，并取得事半功倍的效果。如果不能把握重点，像在黑夜中摸索，虽然付出了

很多努力，但不能取得理想的效果，甚至让事情变得更加复杂。

古时有一人家中发生了鼠患，非常苦恼。他向别人要了一只猫，这只猫擅长抓老鼠，但也喜欢吃鸡。一个月后，他的房子里确实没有老鼠了，但也没有鸡了。儿子对此很担心，就对父亲说："你为什么不把猫赶走？"父亲说："你不理解。我们家的祸害在老鼠上，而不是在鸡上。老鼠偷食物，咬破衣服，穿墙，破坏家具。我们会饿死，冻死。没有鸡，只是不吃鸡蛋而已。为什么要把猫赶走？"

故事中的父与子的不同认识，涉及了主要矛盾和矛盾的主要方面的方法论运用。在养猫和养鸡的选择中，其父抓住了养猫这个主要矛盾。在分析养猫的利弊时，抓住了"利"这个矛盾的主要方面，因此他的做法和看法是正确的。其子由于颠倒了主次，混淆了事物的性质，因而他的看法是错误的。这个故事告诉我们，做任何事情都要把握重点和关键，这样才能取得好效果。

在工作中，埋头苦干的精神固然重要，但是必要的方法和对重点的准确把握更重要。否则，既耗费了精力，又得不到自己想要的结果。

两个樵夫比赛砍树，比赛共进行 3 天，看谁砍的树多。

第一天，樵夫甲走到最近的一棵树前就开始砍，樵夫乙却先绕着树林转了一圈，选择哪些树是要砍的，然后开始磨斧头，把斧头磨得又快又光后，才开始砍树，但是，这样就耽误了半天时间。第一天比赛结束了，樵夫甲砍倒了 10 棵树，而樵夫乙只砍倒 6 棵树。

第二天，樵夫甲的斧头钝了，砍树的效率下降，只砍倒 8 棵树，而樵夫乙的斧头锋利，另外，由于他前一天已经找好要砍的树，当天砍倒 12 棵树。第三天，樵夫乙早上继续磨斧头，最后砍倒 12 棵树，而樵夫甲由于斧头钝了只砍倒 7 棵。

三天下来，樵夫乙一共砍树 30 棵，樵夫甲一共砍树 25 棵，樵夫乙胜出。

同样是砍树，如果从短期效应来看，樵夫甲第一天砍树最多，从长期效应看樵夫乙砍树最多，所谓"磨刀不误砍柴工"。樵夫乙在之前选择要砍的树，然后磨刀，为后期砍树做好了充分的准备，而樵夫甲却选择最近的开始就砍，短期看来是砍得多，但是最后还是输了。

古人说："磨刀不误砍柴工。"对于砍柴而言，斧头的锋利程度便是影响砍伐速度和效率的关键性因素。如果像故事中的樵夫甲一样，只知道一味地埋头苦干，虽然每天自己的伐木效率在降低，但是找不到问题的根源所在，只会把大量的时间和精力浪费掉，更没有取得良好的效果。

因此，当我们准备采取行动的时候，不妨先想想，所要做的事情的重点在哪里。如果发现工作进展缓慢，不妨想一想，是什么原因导致效率的低下。

有些人善于抓工作的关键点。再困难的事情，找到做事的突破口，从而把力量集中在关键点上，就可以取得事半功倍的效果。

05　主次分明， 把精力用在最擅长的事上

每个人的时间都是有限的，每个人的精力都是有限的，我们必须将全部时间和精力投入到有意义的工作中，我们的生活才有意义。

当精力充足时，人们在完成工作方面变得非常高效。如果精力不够，人做事就会变得低效，更别说保质保量完成了，因此，把充沛的精力集中在重要的事情上。

这是外国一名作家的两次失败的商业经历。作家的第一次冒险是投资打字机。1880 年，作家靠写作发了一笔小财。此时，一男人敲响了他的门。男子对作家说："我在从事一项打字机的研究，如果研究成功并且把产品投放市场，会赚得盆满钵满。现在唯一缺少的是实验经费。谁来投资，未来一定会赚大量财富。"

此话一出，作家心甘情愿地拿出资金投资开发打字机。至于实验者的研究能力、可行性和研究计划的实际价值，他完全不知道。一年

后，男子找到作家，深情地对他说："快成功了，只需要最后一笔钱。"两年后，男子再次找到作家，仍然深情地说："我马上成功了，我只需要最后一笔钱。"转眼七年过去了，这台"马上成功"的打字机还是没有被研发成功。

发家致富的梦想破灭了，作家辛辛苦苦赚的钱也化为乌有。

作家第二次经商是创办一家出版公司。作家在 50 岁时，他的许多书已成为畅销书，人们争相购阅。出版商看到了这个市场，争先恐后地出版他的作品。作家看到自己作品的大部分出版收入都进了出版商的腰包，而他只能拿到其中的十分之一时，颇为感触。他想，自己开家出版公司并出版发行自己的作品。

其实，作家不仅没有建立或经营出版公司的经验，甚至连最基本的会计知识都不懂。他聘请他 30 岁的侄子来管理公司，雇了很多销售人员，大张旗鼓开干。作家出版的第一本书以其深刻的思想和新颖的文笔深受读者好评。第二本书出版后不久售出 61 万册，获利颇丰。作家决定继续扩大他的出版业务。这家出版公司维持了将近 10 年，最终在的经济危机中倒闭。作家为此欠债，债权人多达 96 个。

幸运的是，他有一位贤惠聪明的妻子。她很清楚自己的丈夫是个文学巨匠和演说家，生意不是他的专长。她不仅没有因为两次生意失败而责怪作家，而是尽力安慰他。她帮助作家制订了一个 4 年的债务偿还计划——巡回演讲。她先陪同作家在各地发表演讲，他很快就摆脱了失败。作家终于还清了全部的债务。

我们应该正确地评价自己，看清自己的位置，知道自己的优势和不足，并懂得利用优势，发挥自己的才能，弥补不足。

　　那些能够取得成就的人，知道把精力放在自己最擅长的地方。而失败者在做事时往往没有明确的目标，他们今天做这个，明天做那个，结果一件事也没做成。

11

第十一课

融入团队，
与企业共进退

人一旦脱离了集体，会感到很孤独。如果你不想成为团队中的局外人，必须想办法让自己融入团队。融入团队是一个双向互动的过程。具体来说，不仅要让团队接受自己，更要让自己接受团队。

01　融入团队，不做 "独行侠"

　　身处职场，无论在哪个公司都需要具备团队合作的技能。

　　那么，如何融入团队中呢？首先，要融入团队文化中。团队文化代表了团队的形象，集中明确团队自身的发展方向，是全体人员的凝聚力的全面体现。对于一个团队来说，如果只顾自身的发展，只追求团队的经济利益，而没有形成自己的文化氛围，那么这个团队很难有长远的发展，甚至对将来团队的利益会产生负面影响。团队通过价值观和文化体现团队成员的共同愿望；通过人力理念实现团队以人为中心的原则；通过适当的技能培训提高团队成员的业务水平。这一切都是团队文化建设的范畴。

　　常说的试用期，即公司考察新人是否可以融入团队的过渡期。新员工在这个试用期需要快速适应团队。要想在试用阶段获得领导和同事的好感，需要像融入海洋中的一滴水，把自己融入企业文化中。可以从以下几个方面努力：

（1）团队是一个战斗集体，集体中的每个成员都是提高团队战斗力的重要一环。如果你胆怯或者是自大，而且长期没有改变，不利于自己融入团队。如果你想融入团队，不改变自己则很难融入团队。

（2）改变以自我为中心的处事方式。如果想融入团队，必须改变以自我为中心的处事方式，尝试改变心态，调整思维，专注于团队。处理一切事情，多站在他人的角度去思考。如果你愿意在思想和行动上有所改变，试着去理解和接受团队的文化和制度。

（3）理清关系。刚加入团队的你，没有理由把自己的兴趣、习惯、爱好凌驾在团队的文化之上。如果你想被团队接纳且留在团队中，应谦虚做人，在实践中理解团队文化的精髓，努力赢得团队的认可。

（4）学习团队文化精髓。团队文化在一定程度上反映了团队领导的风格和文化取向。因此，新人应该以老员工为学习榜样，找出自己与团队文化的距离，并争取尽快缩短这个距离，融入团队。

（5）主动与同事建立良好关系。虚心向团队中经验丰富的老员工学习，尽可能成为他们的助手，并从中学到更多的技能。如果领导安排你参加一个联合公关项目，不要错过这个难得的学习机会，这不仅可以增强你的团队精神，还可以学习到更多的技能。融入团队，需要先把自己当成团队的一员，与他人愉快地相处。

02 精诚合作，平等看待团队合作伙伴

只有真诚待人，才是尊重他人；只有尊重他人，才能创造和谐愉快的人际关系。真诚和尊重是相辅相成的。真诚是对人对事的一种实事求是的态度，是待人真心实意的友善表现。

职场新人刚进职场，礼貌待人很关键。遇到保洁员正清理办公室的卫生，你不要忘记说一声"谢谢"。

在职场社交上，如果你给对方施礼，对方也会相应地还礼于你，这种礼仪的施行必须遵循平等的原则。平等是人与人交往时建立真实情感的起跑线，是保持良好同事关系的基本原则。在人与人的交往中，我们应该处处平等、时时谦虚，唯有如此，才能结交更多的朋友，获得更美好的友谊。团队成员能良好合作、长远合作、深度合作其实更多的是建立在平等、尊重和信任的基础上，而建立信任的一个方法是鼓励团队成员之间平等相待。

公司可以创造一些能帮助员工分享个人故事的平台，通过关心和

询问他们的家庭或者爱好来让彼此更了解。比如，新人可以先分享一些关于自己的个人信息，然后再询问其他成员的爱好或者兴趣，来增进彼此感情。

让团队形成更牢固关系的方法是：在工作或午餐后进行社交活动。比如，可以每周抽出时间进行非正式的小组讨论，发表个人看法。当然，也可以分享自己的价值观，同时鼓励他人分享价值观。

那么，在职场上，如何才能够做到包容对方，与之精诚合作呢?

◎紧盯目标，弥补对方的缺点，放大对方的优点。与他人合作的时候，包容其他成员的缺点。在合作的过程中，要将注意力集中到要实现的目标上，而不是总盯着他人的缺点，看他人是不是在犯错误，这种不信任伙伴的做法势必影响合作的效果。既然选择了与对方合作，就要信任对方，这样才能愉快合作

◎在合作中与他人出现矛盾，要尽快解决。在合作中产生矛盾是很正常的事情，因为每个人看问题的角度不同，想法也不同。如果这些矛盾不能尽快得到解决，会影响后期的合作。但在解决矛盾的过程中，要对事不对人，不能将所有责任推卸到他人身上，自己更要反思，主动承担责任。有时候，在合作中与他人产生矛盾，无法及时化解，自己要想办法让合作继续进行下去，不能因为出现矛盾而影响工作进度。等合作完成之后，可以找个恰当的机会，和对方心平气和地沟通，化解矛盾。

03　敢于担当，把责任扛起来

当大家在一起工作时，肯定会有人犯错，此时如果大家都去责怪犯错的人，一种令人不快的氛围会迅速弥漫。这不仅会降低士气、破坏信任，更不能解决问题。相反，要鼓励团队中的每一个人以建设性的方式思考这个错误，以什么方式来解决已发生的问题，并如何确保这种错误不再发生。这才是团队成员共同前进的正确做法。

对于职场人来说，责任心是发展的基础。另外，职场人还要有敢于担当的心态，这是一种敢于破局的态度，对自己的成长也会有益。

责任虽是一个老话题，但谈论责任仍是非常必要的。遗憾的是少数职场人，在工作中缺乏责任感，对本职工作敷衍，更不会认真负责完成工作。一项调查显示，当公司公布晋升员工名单时，超过一半的人会感到惊讶，甚至不解。也就是说，最终获得晋升机会的往往不是工作能力最好的员工，而是责任心强的人。正如心理学家所指出的："面对能力和责任，领导总是选择后者。"因此，不要认为只要能力强，就可以升职。在平时工作中，如果你的领导觉得你不够认真负责，不够投入，那么无论你多么有才华，都无法获得更高的职位。在工作中，经常会发现，大部分勇于承担责任的人，会得到领导的赏识，有可能获得更多的成功机会。责任是由弱而强的职业核心品格，是成功的基础。如果你在工作中能尽职尽责，并且把责任心变成一种习惯，最终你会一步一步走向成功。

许多大公司的招聘经理都明确表示：技能不是最主要的，只要有责任心，技能自然会提高。公司最看重求职者的素质依次为：责任心、团队精神、创业精神、灵活性、表达能力、独立性、自信心、应变能力、与他人相处能力。只有勇于承担责任的人，才能把工作做好，才能得到领导的重视和重用。著名社会学家曾说："放弃对社会的责任意味着放弃在社会中生存得更好的机会。"

责任是生存的法则，是职业素质和敬业精神的体现，是做事做人的一种境界。责任一直与机会联系在一起，责任越大，机会就越大。一个负责任的员工在工作中会主动设定工作目标，不断改进自己工作的方式方法，并且会主动承担责任。

一个人在追求成功的过程中会遇到各种困难，那么战胜困难就要有负责任的工作精神。责任是一个人的立身之本。具有强烈的责任感可以让自己受人尊重，甚至得到提拔。

04　共度患难，跟随领导去"吃苦"

公司的效益来自严格的管理。严格管理的关键是要有一个努力工作的领导——领导者喜欢睡懒觉，就不要期望员工准时上班。

事实上，公司能够在激烈的市场竞争中生存和发展，离不开公司领导的勤奋，许多人甚至是工作狂。

公司领导建立自己的事业，就是建一座码头。俗话说："只要有码头，总有船来靠。"船再大，始终是漂泊的；码头再小，也是踏实的。

那么，作为员工选择对了领导，可以让你少走很多弯路，甚至可以改变人生。那么，如何选择好领导？好领导的标准是什么样呢？

好领导的五大标准：

1. 对事业充满热情

公司领导工作时充满热情，就像爬山一样，每个人在刚开始爬山的时候，充满热情，甚至发誓要征服这座山。虽然爬山很难，但感觉很刺激。不管遇到什么困难，总是怀着一颗火热的心，为自己立下的目标奋斗。

2. 永不消沉低迷

处于事业巅峰的公司领导，工作顺利，心情愉快。心情好的时候，会自然而然地感染周围的人。如果公司总是保持积极向上的氛围，员工也会充满斗志。相反，跟着情绪低落的领导工作，自己的心情肯定会不舒服。当领导感到不舒服时，把愤怒发泄在员工身上，作为员工会觉得工作得很委屈。

3. 顺势而为

眼光敏锐的人能够率先看到商机，顺应大势所趋，努力发展。任何个人或组织，只能顺应大势所趋，很难改变这种趋势。在现实中，许多公司领导不能洞察市场，因为他们没有远见，看不清大势，甚至误判总体趋势。结果不是顺势而动，而是无序、盲目、逆向地摸索。更不利的是，盲目自信的"英雄造时势"理论，导致公司领导盲目决策，不仅不会成为英雄，还会成为别人的谈资。

4. 能防范风险，更能应对危机

公司领导不仅要有远见，而且能够应对危机。衡量公司领导能否成功的一个重要指标是，在不可预见的情况下，是否能够积极、冷静地应对突发的状况，将危机转化为机遇。公司领导仅能预防风险是不够的，还必须培养自己应对危机的能力，将危机转化为发展的动力。只有能够应对危机的领导，才能让公司在危机中找到生机。因此，求职者应该选择这样一个领导：泰山压顶不仅腰不弯，而且还能闲庭信步登泰山，一览众山小。

5. 善于用人的人

公司领导要想有所作为，需要有才能的人各司其职。因此，公司领导必须是一个善于用人的人，尤其善于使用各种性格、兴趣和技能的人。也就是说，领导应创造和保持一个有利于员工施展才能的环境，否则公司就无法生存。

　　简而言之，选择一个好领导可以避免明珠暗投之憾。如果你不想浪费你的青春，那就试着选择一个明智的领导！

05 甘做绿叶， 团队中更需要 "陪衬"

在团队中，扮演好自己的角色，有时需要自己甘当配角，不自以为是，一步一个脚印地走下去，踏踏实实地做好工作，才能最终有所作为，走向成功。

在《襄阳记》中，司马徽说："儒生俗士，岂识时务？识时务者在乎俊杰，此间自有卧龙、凤雏。"自此以后，人们常以"识时务者为俊杰"来称赞有识之士。所谓"识时务"，是指能够客观地判断和评价周围的人和事，能认清自身的缺点和不足。知人识己，才能无往而不胜。

当主角毕竟是少数，陪衬和辅助性的工作总是要有人来做。正如影视圈一句话所言："只有小演员，没有小角色。"

此外，在日常工作中，总会有主角和配角之分。总的来说，主角更显眼，更受重视。这也是正常的。无论做什么，光有主角是不够的，配角还有很多。主角和配角只有分工不同，没有地位的尊卑。

当然，主、配角，相应地承担着不同的责任和义务。通常，由于工作的特殊性，主角更需要配角的支持与配合。换言之，主角的光辉与配角是分不开的。一个成功的主角背后一定有很多配角，不顾名利，默默付出。

甘当配角的精神之所以可贵，是因为这种精神体现了一种顾全大局、服务大局的精神，体现了一种不求回报的品德。这种精神境界，是"争名于朝、争利于市"的人所达不到的。

小徐是一名工商管理博士，毕业两年多了，他仍然在家"失业"。原因并不是他不学无术或只会纸上谈兵，而是他在选择职业时起点太高。凭借工商管理博士学位，他不可避免地对自己的职业生涯挑剔万分。有一次，一家规模大、信誉好的企业想聘请他担任人力资源部副部长，被他断然拒绝了。他认为自己不应当去当副职。但是，如果只有高学历，没有丰富的工作经验，怎么可能直接成为总经理呢？凭借优越的学历，小徐给自己制定了非常高的择业标准。小徐拿着这个标准，在人才市场和猎头公司之间四处奔波，最终一无所获。

小徐这样的年轻人，人为地对自己的职业定位做了很多限制，自然弊病非常多。事实上，他们在乎的不是工作内容和工作形式，而是社会地位的高低。他们因受教育程度高而不愿为他人服务；因为觉得自己比别人强大，所以应该领导别人，而不是受别人领导。因此，这影响了他们职业的发展。

可见，如果一个人想在社会上走出一条属于自己的路，要学会放低自己，也就是说：不要太看重自己的学历、背景等，而是从基层做起。垫高主角，甘当配角，从身边小事一点一滴做起，一步一个脚印，筑就自己成功的基石。

在职业生涯中，如果有更好的机会时，可以不遗余力地努力争取，但不应自不量力、贸然行事。尤其是对一名新员工而言，在自己还没有足够的经验、业务水平和管理能力时，做副手是非常不错的选择。也许你才智出众，但要坚信这一点：你的领导一定在某一方面比你强，而且不是你一两天就可以学会的。这时作为一个副手，要放低自己，甘当配角，把自己的职业期望值定得适宜，否则最终会失败。

因此，一个人只有懂得适时地放低自己，甘当配角，才可能在长期竞争中占有更多优势。

◎放低自己，才能更富有张力，更容易吸收来自各个方面、各个层次的信息，丰富和充实自己的职业信息库，从而做得风生水起、卓有成就。

◎放低自己，才能比别人更容易把握机会、抓住机会，因为谦逊的态度更能赢得别人的尊重。

在工作中，某些人身为副手却恃才傲物，认为一把手的业务水平没有自己高，能力没有自己强，于是在工作中不愿配合，即使勉强为之，也觉得委屈了自己。

同时，这些人还对那些主动配合、尽力扶助的人看不惯，认为这些人即使不是拍马屁的，也是肤浅之人。其实，这种"不甘人下"的心理是不正确的。

总之，主角有"最好"的，配角也有"最佳"的，不应该厚此薄彼。在这里，我们倡导一种甘当配角的精神，呼吁员工有一种甘当配角的意识，鼓励副手不计名利，从大局出发，加强合作。

06　最好的品质，莫过于忠诚

忠诚是一种品质，更是一种能够用结果衡量的行动。真正忠诚的员工不是一味地讲忠心、表决心，也不是一味地坚持、服从，而是真正具备良好的解决问题的能力。因此，忠诚不仅要有强烈的责任心与使命感，更需要拥有智慧，找准方法，做好工作。

在现实生活中，个别职场人没有正确理解忠诚的含义。他们错误地把"忠诚"与"言听计从"画上等号，奉行绝对服从与机械执行，将自己完全沉浸在这样的世界中。这样的做法，不是忠诚的正确表现。

其实，忠诚不只是服从，更是负责；忠诚的人不只是坚持，更是突破。忠诚的人不是毫无原则付出，而是具有明辨是非的能力。

许多职场人在领导面前唯唯诺诺，即使发现领导做错了，也不反驳。其实，忠诚是做好工作、解决问题。忠诚从来都不是对领导的言听计从。

领导与员工，只有双方均能实现发展最大化的双赢状态，才是最佳的状态。如果员工与领导之间沦为依附与被依附的关系，领导就会失去一个可靠的帮手，员工会失去一个自我成长、锻炼的机会。领导可能会犯错误，需要他人提出参考意见，也需要必要的提醒与忠告。如果领导听到的都是下属的附和之声，就难以收获辅助决策的言论。优秀的领导往往乐于倾听下属的声音，使自己的决策判断更准确、更接地气。

很多时候，言听计从会为领导营造一种缺乏主见、能力不佳的印象。领导不需要一个不知变通的执行机器，而需要一个积极履行职责的优秀员工。优秀的员工从来不把"要我做"作为工作的前提，不需要领导告诉自己应该做什么、怎么做，而是能正确领会领导的意图，将"要我做"变成"我要做"，充分挖掘各种可能性，创造非凡的业绩。

如果不能理解忠诚的真实含义，对个人、领导、组织都可能造成不可挽回的损失。忠诚需要智慧的注入，尤其注重独立思考，明辨是非，脚踏实地，求真务实，积极将公司目标和决策转化为行动。这就要求员工熟悉公司的文化、结构、工作方法和目标，了解领导的志向、性格、决策习惯和管理艺术，对领导决策进行准确的判断与把握。同时，掌握适当的工作方法，提高工作效率和工作质量。

例如，学会"一次只做一件事"，以专注的心对待工作，防止在繁多的工作之中迷失自我，最终各种工作都涉及，但什么工作都没做好。此外，增强工作的主动性，不仅拥有自己的想法与判断，更能将这些想法落到实处，将工作做好。如此一来，忠诚不再是一种付出，而是一种双赢。

良药苦口利于病，忠言逆耳利于行。其实，这句话相比于讨论

"忠言"是否"逆耳"，更多的是在说"忠言"的重要性，即使逆耳也应虚心接受。至于"忠言"是否真的"逆耳"，那倒未必。"忠言"不仅可以"顺耳"，更应当努力实现"顺耳"。中国古代，有不乏巧言进谏的典故，证明"忠言"也可以通过"顺耳"的途径表达出来。《说苑·正谏》中有这样一个故事。

齐国的烛雏为齐景公饲鸟，由于不慎，鸟飞走了。景公大怒，要把烛雏杀掉。晏子说："烛雏有罪，请让我先揭发他的罪状，然后再杀他。"景公说："可以。"于是，晏子把烛雏叫来，当着景公的面揭发烛雏的罪状说："你为我们国君主管禽鸟而让鸟飞走了，这是第一条罪状；你使我们国君因为鸟的缘故而杀人，这是第二条罪状；使诸侯听到这件事，会认为我们国君重鸟而轻士，这是第三条罪状。"晏子说完了，请景公杀了烛雏。至此，景公不但没杀烛雏，反而惭愧地向晏子承认了错误。

晏子之所以劝谏成功，机智固然是一个方面，但"顺耳"不失为一个重要因素。如果他强行劝诫，效果未必会如此。

由此可见，"忠言"是可以做到"顺耳"的。运用恰当的说话技巧，完全可以既达到规劝的目的，又让对方在不失面子的同时，明白自己错在哪里。通过智慧的注入，以领导易于接受的方式规劝，可达到良好的效果。"忠言"顺耳不仅具有可行性，而且具有必要性。"忠言"逆耳，轻则使"忠言"不被采纳，更为严重的是，可能使谏言者与纳谏者之间产生嫌隙。中国古代，不乏"死谏"的例子。例如，春秋时期的名臣伍子胥，屡屡向吴王夫差进谏，请求一举消灭越国。进谏时不给吴王留面子，引得吴王震怒，慢慢地疏远伍子胥，最终将其赐死。伍子胥固然表现了自己的忠诚，但以死进谏的做法难免招致吴王震怒，最终为自己引来杀身之祸。

职场中，不恰当的沟通方式可能使你与领导的距离越来越远，"忠言"的内容也难以被采纳。因此，"忠言"顺耳是一门应当被掌握的艺术。"忠言"的表达应当注意时机与方法，可以借助别的事物，间接地让人领悟；也可以在错误行为之中找到合理的、值得褒奖的部分；甚至可以故意将错就错，引导人认识到存在的问题。当然，最不可取的做法莫过于意气用事。

第十二课

12

勇于创新，
攀登事业巅峰

创新是社会向前发展的源动力，只有敢于创新，成为第一个"吃螃蟹"的企业或者个人，才有可能最先淘到第一桶金。

01　创新是根本，培养职场创新能力

为了在职场上更具竞争力，创新能力是必不可少的。一个人的创新能力越强，说明解决问题的能力越好。当面临重大困难，除了坚定的信念和坚强的意志，创新能力往往才是关键因素。

外国一位年轻人的梦想是出版一本小杂志，当时市场上有很多好杂志，但要获得完整的信息，必须花很多钱才能买到。

在这个过程中，他有了一个新的想法，就是创建一本杂志，不做原创，只收集其他杂志中最好的文章。因为没有人支持他，他不得不和未婚妻租了一间办公室。

婚礼当天，他们去发油印的传单，去推销这份杂志。度完蜜月回来后，他们意外地收到了 1 500 份的订单。1922 年 2 月发行了第一期，此后情况发展得非常成功。然而，随着发行量和印数的增加，这本杂志成为其他杂志的竞争对手，文章的来源被切断。

1933 年，为了解决文章来源的问题，年轻人开始委托其他杂志的作者将撰写的文章同时授权，以便"摘要"可以稍后再版。作者能收到两笔稿费，自然乐于接受。这本杂志也逐渐畅销。

职场中，领导让你完成某项任务，但给予的资源极其有限，这个时候，领导往往让你自己想办法。面临这种考验，有些人可能会抱怨，然后选择放弃，而有些人找到了解决办法，这里最难突破的其实是思维创新，不仅要敢于创新，而且要善于创新。创新是公司的生命力，是提高市场竞争力的主要潜力。那么，作为公司员工，应当如何提升自身创新能力，成为公司炙手可热的核心员工呢？

1. 具有创新能力的特征

（1）善于观察和思考。创新者也是一个勤奋的观察者。他们关注周围的世界，包括客户、产品、服务、技术和业务。通过观察，他们可以获得创新方法的信息和想法。

（2）喜欢实践。创新者喜欢尝试和体验，总是去体验新的想法。他们通过思考和无止境的实践去探索这个世界，不断地推倒重来，不断地检验新知。他们会去不同的地方，尝试新的事物，探索新的信息，在实践中学习。

2. 创新的方法与步骤

有人会说，具有这种创新能力的人一定是天赋异禀的人，其实不然。虽然有些人天生直觉很强，善于发散思维，但是不代表其他人不可以通过后天学习而来。研究表明，创新技能并不仅仅是天赋异禀，而是可以通过后天培养的。作为职场新人，如何培养这些能力呢？下列是一些可行的方法：

（1）积极向上的心态。对于职场人而言，要想培养自己的创新能力，首先要保证自己有一颗积极向上的心，可以接受工作中的挑战和压力，并保持积极向上的精神和态度。压力是无处不在的，如果没有积极心态的支撑，面对压力的勇气可能都没有。

（2）放低姿态，虚心学习。职场中，有时候你不得不承认，很多人的确比你强，放低自己的姿态，向优秀的职场精英学习。在学习的过程中，善于思考，勤于努力，这也是一种培养创新能力的途径。

（3）多读好书，坚持学习。职场不是学习的终点，进入职场之后更应该保持学习能力，这样才会有新思路和新想法。

（4）善于观察，做生活中的有心人。很多善于创新的人，都是喜欢观察思考的人。对不理解的问题，勇于去找答案，久而久之，创新能力就培养起来了。因此，一定要做生活的有心人，多去观察生活中的事情，启发自己。

（5）拥有一颗好奇心。好奇心是培养创新能力的好方法。无数的研究证明，好奇心是推动改变的强大驱动力，不管是日常生活中还是工作职场中，保持好奇心，有助于自己创新能力的培养。

（6）学会联想。联想时大脑尝试整合并理解新信息。这个过程能帮助创新者将看似不相关的问题、难题或想法联系起来，从而发现新的方向。日常生活中，如果你发挥自己的想象能力，常常会找到很多问题的答案，将其联想在一起，帮助我们培养自己的创造、创新能力。

（7）多参加活动，尤其是一些专业的比赛。比赛的时候，人都会紧张，紧张会刺激人的大脑，在最短的时间内想到最佳的方案，这也是一种培养创新能力的方法。

02　敢于创新，第一个 "吃螃蟹" 的人最受益

这些年，我的一些朋友去创业，但是成功的却是凤毛麟角，其实，这是自然现象，要想成功，必须成为第一个"吃螃蟹"的人，敢于创新。可以清楚地看到，在互联网蓬勃发展的这些年里，崛起的企业几乎都是通过创新，最终取得了成功。

某著名运动品牌早年的崛起靠的不是运气，而是在初期敢于打破常规，敢于创新。

该品牌职业经理人曾向总裁详细地介绍其他品牌明星代言的做法。更重要的是，公司创造性地采用了"体育明星＋电视台"的营销手段。公司与一位运动员进行了合作。

总裁想去电视台做广告，结果遭到股东的强烈抵制，因为当时公司一年的利润为 400 万元左右，向电视台支付的广告费就需要 300 万元。总裁仍坚持自己的想法，做出了这个冒险的决定。结果，运动员在奥运会上发挥极其出色，成就了自己体育生涯最精彩的一刻。该品

　　牌因此也获得了成功。回顾当年，总裁的决定无疑是正确的，也是勇敢的，他成了第一个吃螃蟹的人。这就是"首映效应"，行业内第一次聘请体育巨星代言，自然容易获得关注。

　　著名营销大师直接将"创新"与"智商"画等号："创新只有在那些真正具有高智商的人那里才得到了认可，在平庸者眼中，他们总希望停止创新——是的，你没有看错，总有一些人不喜欢变革。"的确，在拥有杰出人生的人眼中，创新是改善生活不可缺少的技巧。

　　敢于创新，大胆创新往往是进步的开始，更是成功的垫脚石。

03 抓住机遇， 牢牢把握市场发展脉络

人们常说，机遇是给有准备的人。同样，市场机遇也是给有准备的人，这些人不仅仅有胆识，还非常具有创新精神。而这些人中，多数人都喜欢以各种方式参加有价值的交流会。

1984 年，TED 大会诞生，作为"想法加速器"，让来自不同背景的人可以谈论他们的新项目。TED 每年举行一次，演讲者和听众将参与思想的碰撞，创造更好的想法。通过这种方式，TED 会议演变成了一个思想迸发的论坛，可以形成强大的新想法。正如著名企业家所说，"参与者的智商结合起来能震惊世界"。

这样的会议后来有很多，会集来自世界各地的企业家、学者、科学家、艺术家和思想家，他们在会上展示最新想法、研究和项目。如果你参加这样的会议，你可能会产生观念上的冲突，同时将大大提高自己的联想技巧。

曾经有一位航空公司的创始人，通过与现场或其他地方的人员交流，他发现并提出了许多关键想法，例如在每个座位后面安装卫星电视，允许订票员在家工作。

他说："我总是想：'我必须改造每架飞机座位后面的小口袋。'所以我和许多公司的人谈了各种休闲选择。那是在我成立公司的早期。有一天，有人告诉我，'看看这本小册子，上面说一家公司可以在飞机上直播电视节目。'我马上知道，这就是我们想要做的。"创始人不仅遵循了这一提议，还购买了直播电视，该电视提供了飞机的卫星电视技术。由于该公司是唯一一家拥有这项技术的公司，他收购了这家公司，这为航空公司赢得了竞争优势。如果其他人想为乘客提供卫星电视，必须首先从航空公司购买这项技术。

除了参加会议外，一些创新者还创造了公司内部的交流机会。一名企业家在成立音乐公司的时候创造了一个想法交际程序，他买下了一座古堡，将其改造成一个娱乐业各类人士交流的中心，这些人包括音乐家、艺术家、制作人、电影制片人等。企业家知道，在音乐公司内部创造交际机会可以促使人们交流，而这些交流有可能使人们迸发创新性想法的火花。

商业上的创新看上去似乎是某项科技的突破，其实不然，很多创新，尤其是微创新，往往是通过不断交流、获取反馈、再对信息进行分析、并在解决这些需求中找到机会，最终实现了突破。

04 主动创新，从"跟随"到"引领"

优秀的企业家或者职场人，往往都是喜欢主动创新，他们喜欢"引领"，不喜欢"跟随"。因为他们深刻地知道，如果不创新，会被市场残酷地淘汰。

某短视频平台的创始人说："一个卓越的企业家必须与时俱进。"移动互联网时代的发展可谓日新月异，新事物层出不穷。在这个时代，只有敢于颠覆过去，敢于创新，才能不失前进的机遇。某短视频平台创始人与其执行合伙人就"变革——创新的原力"等主题进行了深入交流。当时，执行合伙人问道："你原来是做头条新闻，为什么转向做社交网络？"创始人坦言："除了你刚才说的，变化是由产品引起的，也是由行业的变化引起的，也就是说，行业已经从文字和图片演变为视频。对于企业家来说，必须跟上时代的发展。另外，现在许多变化是由业务驱动的。"他对时代潮流有敏锐的判断。否则，他就不会白手起家创办信息科技公司。

根据创新动力来源不同，可以把创新分为主动创新和被动创新。

1. 主动创新

主动创新是指企业在激励下产生的主动创新行为，表现为"我想创新"。企业进行积极创新的前提是企业家看到或发现潜在的市场机会或科技成果的应用前景。企业主动创新的支撑力来自企业强大的创新倾向、创新所需的知识积累以及创新所需的人才、资金和信息。

积极创新的企业有三种类型：一是突破型。企业始终致力于开发行业的新产品或以新产品进入新行业。这些企业大多是各行业中具有竞争力的企业或知名企业。二是依赖型。企业的生存和发展依赖于技术的升级。没有先进的技术，企业就难以生存。新兴产业和竞争性产业中有许多依赖技术生存的企业。三是超越竞争型。这类企业旨在通过创新提高自身竞争力，使竞争对手的竞争力低于自己。企业有战胜竞争对手的强烈意愿，由弱变强的企业才是超越竞争对手的企业。

2. 被动创新

被动创新是指企业在生存和发展受到外部压力威胁时进行的创新。被动创新不会成为第一创新者，其最佳情况是成为创新的跟随者。被动创新有其存在的客观条件，采取保守战略或缺乏创新意识的企业都是被动创新。其实，被动创新也是企业发展的有利举措，可能不会大大提高企业的业绩，但至少可以保持业绩。被动创新企业是具有竞争适应性的企业，其创新目标是适应市场变化，满足于保护市场份额和竞争地位。

随着时代的发展，企业面临压力和挑战增多，但同时也意味着有更多的机会，因为机会往往隐藏在巨大的变化中。有先见之明的人总是能够从容应对时代的变化，他们紧跟时代步伐，积极求变，主动创新，最终成为时代发展的引领者。

05   资源整合，从模仿到创新

从一个专业型岗位转到管理型岗位，必须学会运用各种领导方式。在执教、做咨询、为企业主办研讨会的这些年里，我经常解决的问题是如何从依靠高度专业技能的领导职位转到被弱化的特定专业技能职位。对后者职位上，需要学会用领导力将团队中的各项技术、能力、态度和观点整合在一起。这是职场的综合实力的体现。如果能具备这个能力，就可以撬动更多的力量，办更大的事情。

当今，无论从事什么行业，都需要领导具备深厚的专业技能。我认识的一位领导中途放弃了一个"将潜在的管理者培养成领导者"的项目，因为他非常热爱自己的职业，并回到了他热爱的专业领域。在过去，这绝对是一次"职业自杀"——他会降到公司的底层。但今天他已经走到了公司的领导层，因为他的专业技能对公司非常重要！公司需要领导掌握许多与业务部门相关的知识，而管理者需要了解其工作具体细节。你希望你的公司有一个不懂技术的负责人吗？显然不

是，员工更希望他们的领导是一个专业过硬、知识渊博的人。

无论是金融、法律、生物技术等领域还是房地产行业，我们都可以找到相关专家。越来越多的专业人才已认识时代的发展趋势，并逐步走向这些行业。然而，许多新兴行业的领导还没有准备好接受这一现实。许多管理者只知道如何使用他们的专业技能，而不知道如何管理具有不同专业背景的员工。领导只有采用不同的管理风格，才能管理具有不同知识背景的员工。

在深耕专业领域的同时，还要发展自己的其他方面能力，尤其是创新能力，去思考如何把好的资源整合在一起。当具备这个整合的能力时，你才会有更强的战斗力。